要説 独占禁止法

——経済法入門——

田中 裕明 著

晃 洋 書 房

はしがき

　本書は，法科大学院等の講義の際に作成したレジュメが基になっている．毎年，受講生の声を反映する形で少しずつではあるが，レジュメを改訂してきた．本書に特徴があるとすれば，そのような現場の声を反映した点であろうか．それ以外にこれといった特色はないが，講義の際に気づいた点，反省した点なども本書には盛り込んだ．

　本書は，学部での講義を念頭に置いているので，かなりコンパクトになっている．経済法としての独占禁止法の論点をすべて網羅したわけではないが，独占禁止法の経済法としての位置づけ，独占禁止法のねらい・基本構造を知る上で必要最小限度の情報を提供したつもりである．本書のタイトルを「要説」とし，サブタイトルとして「経済法入門」とした所以である．

　本書が受講生だけでなく，斯界の研究の発展に少しでも寄与するところがあれば，筆者にとり望外の喜びである．また，関係の先生方からの忌憚のないご意見もお寄せいただければ幸いである．

　本書の刊行については，株式会社晃洋書房営業部部長の畏友・高砂年樹氏，同営業部マネージャーの野田純一郎氏のご尽力によるところが大きい．また，編集部の山本博子さんのご助言等にも感謝申し上げたい．お三方には本書の企画，編集等さまざまな点でお世話になった．改めてお礼申し上げたい．

　　平成28年12月16日

田 中 裕 明

目　　次

はしがき

第1章　経済の基本法としての独占禁止法 …………… *1*
第1節　経済法の意義　(*1*)
第2節　経済法の型　(*2*)

第2章　独占禁止法の歩み ……………………………… *4*
第1節　独占禁止法の歴史　(*4*)
第2節　戦後経済改革と独占禁止法の制定事情　(*6*)

第3章　独占禁止法の目的と基本概念 ………………… *10*
第1節　独占禁止法の目的　(*10*)
第2節　独占禁止法の基本概念　(*13*)

第4章　私的独占の禁止 ………………………………… *22*
第1節　集中規制としての私的独占　(*22*)
第2節　市場集中と私的独占　(*22*)
第3節　私的独占の性格　(*23*)
第4節　私的独占の法律要件　(*24*)
第5節　私的独占の行為要件　(*27*)
第6節　独占的状態　(*31*)

第5章　企業結合規制 …………………………………… *37*
第1節　経済力集中の規制　(*37*)
第2節　株式保有　(*43*)
第3節　役員兼任　(*47*)
第4節　合併規制　(*49*)

第6章　不当な取引制限の禁止 …………………………………… 56

第1節　不当な取引制限（カルテル）とは　*(56)*
第2節　カルテルの発生原因とその弊害　*(57)*
第3節　カルテルの形態　*(59)*
第4節　不当な取引制限の要件　*(61)*
第5節　不当な取引制限の成立時期　*(71)*
第6節　不当な取引制限と行政指導　*(73)*
第7節　事業者団体の活動規制　*(81)*

第7章　不公正な取引方法の禁止 …………………………………… 88

第1節　不公正な取引方法の位置付け　*(88)*
第2節　定義規定と一般指定　*(90)*
第3節　公正競争阻害性　*(91)*
第4節　公正競争阻害性と社会的不当性，権利濫用・公序良俗との関係　*(93)*
第5節　不当な差別的取扱い　*(95)*
第6節　差別対価・不当対価（法2条9項2号, 3号, 一般指定3項, 6項, 7項）　*(102)*
第7節　不当な顧客誘引・取引の強制（独占禁止法2条9項6号ハ）　*(107)*
第8節　流通系列化の規制――その1――　*(114)*
第9節　流通系列化の規制――その2――　*(120)*
第10節　再販売価格維持行為　*(127)*
第11節　優越的地位の濫用　*(133)*
第12節　不当な取引妨害・内部干渉（一般指定14項・15項）　*(139)*

第8章　国際協定・契約の規制 …………………………………… 146

第1節　経済のグローバル化と独占禁止法　*(146)*
第2節　独占禁止法6条による規制　*(147)*
第3節　域外適用　*(149)*

第9章　独占禁止法の適用除外 …………………………………… 150

第1節　適用除外制度の存在理由　*(150)*

 第 2 節　知的財産権　(*151*)
 第 3 節　協 同 組 合　(*155*)
 第 4 節　再販適用除外制度　(*160*)

第10章　独占禁止法の執行・実現 …………………………… *163*

 第 1 節　執行措置の種類　(*163*)
 第 2 節　審 査 手 続　(*163*)
 第 3 節　排除措置命令　(*165*)
 第 4 節　課徴金納付命令　(*167*)
 第 5 節　排除措置命令に対する取消訴訟　(*171*)
 第 6 節　課徴金納付命令に対する取消訴訟　(*172*)
 第 7 節　緊急停止命令　(*172*)
 第 8 節　民事的救済　(*173*)
 第 9 節　刑 事 罰　(*180*)

参 考 文 献　(*189*)
事 項 索 引　(*191*)
判例・審決索引　(*194*)

第1章　経済の基本法としての独占禁止法

第1節　経済法の意義

　経済法とは何か——この問題については，未だ定説がないところである．ただ少なくとも経済法は，経済を秩序づける役割を担うものでなければならない．
　しかし，この経済を秩序づける構想は，経済法を待って初めてかなうものではない．既に民・商法を貫く私的自治の原則に，秩序構想の萌芽はあった．したがって，経済法の描く経済秩序の構想は，この私的自治原則による構想の延長線上にあるものと考えられ，両者は対立するものではない．すなわち，民・商法では，個々の取引主体の利害調整を主眼とするのに対し，経済法ではかかる個々の取引主体の利害を超えた，経済全体の利害調整を主眼としている．ここにそれぞれ共通項を有しながら，規律の視点の違いを認めることができる．
　では，改めて経済法とは何か．本書では，次のように経済法を位置づけておく．
　経済法とは，経済行為を対象とし，経済行為を有意に規律し，秩序づける法をいう．
　これは，恩師久保欣哉先生の説かれた経済法の意義であり，これを支持する．
　およそ人が生活を続けるのに必要不可欠な営みが，経済行為である．経済行為とは，生存のためにする有限の財を以てする無限の効用の実現，無限の欲望の充足のことである．そこには必然的に規律と秩序が求められる．無原則な，すなわち無規律・無秩序な経済行為がもたらすものは，破壊以外の何物でもない．経済法の果たす機能は，この点に求められる．
　ところで，この経済法の意義にみる「有意に」とは何か．それは，経済法が果たさんとする目的によって判断される「価値概念」である．そして，どこに価値の力点を置くかによって，次にみるように経済法の型が分かれてくること

になる．

第2節　経済法の型

　経済法の型は，前述のように，価値の力点の置き方によって分かれてくる．わが国もドイツも経済法の歴史の中で二つの経済法の型を経験している（第2章参照）．

　人が暮らしを全うしていくためには，「何を，誰が，どれだけ生産し，生産されたものをどのように分配するか」という「経済問題」を解決しなければならない．この問題の解決のための制度的仕組みも，経済法の型に関わってくる．大別すると，「市場経済」と「計画経済」の二つに分かれる．一方の「市場経済」は，市場の競争的価格メカニズム，すなわち需要と供給の関係による価格の決定と，価格の変動による需給の調整を通して，かかる「経済問題」の解決を図ろうとするものである．他方，「計画経済」は，特定の人々，集団が，社会全体の需要を予測して，これに合わせて生産を行うよう「計画」を立て，それを実行することで，「経済問題」を解決せんとするものである．

　「市場経済」を前提とする経済法の型が，「分権型経済法」であり，「計画経済」を前提とする経済法の型が，「中央集権型経済法」である．後者は，特に，「統制経済法」とも呼ばれる．

　この「統制経済法」については，第二次世界大戦中，わが国でもドイツでも，戦争という一大国家プロジェクト遂行のため，経済を「有意に」規律する方途としてこの「型」が選択された．経済を戦争以外の方向に向かわせないために，「統制」が図られたのである．だが，ドイツでは（おそらく日本でも），統制に次ぐ統制の結果，「統制の迷路」に陥ったのであった．

　日本もドイツも「分権型経済法」の登場は，第二次世界大戦の終了後，アメリカを軸とする経済の民主化政策の遂行を待たなければならなかった．

　ここでいう経済の民主化推進の道具が，アメリカの反トラスト法であった．すなわち，反トラスト法（＝独占禁止法）こそが，経済の基本法である．日本の場合は，その国民性も手伝ってか，わが国の独占禁止法の制定には大きな支障もなく，アメリカ反トラスト法をモデルにした形の独占禁止法が制定された（これを「原始独占禁止法」と呼ぶ）．

　他方，ドイツの場合，ドイツ人のこだわり，頑迷さも加わった結果，ドイツ

の独占禁止法（＝競争制限禁止法）が制定されたのは，日本よりも10年後となった（1957年制定）．同じようにアメリカ反トラスト法をモデルとしながらも，ドイツ色を表そうと頑なな姿勢を貫いたのであった．

　両国ともアメリカ反トラスト法をモデルにしたといっても，ドイツの場合，ヨーロッパ大陸法の独占に対する考え方も加わっており，日本の独占禁止法とはかなり異なるものとなっている．ヨーロッパでは基本的に独占を悪とはみず，ただ独占的地位が濫用されるときに，これを禁止するという考え方を採用している．これを，「濫用禁止主義」あるいは「弊害規制主義」と呼んでいる．

　これに対し日本や，アメリカの場合は，独占を悪とみて，独占をもたらすような競争制限行為を禁止する「原則禁止主義」を採用している．

　現在では，ベトナムや中国のように社会主義体制の国でも市場経済原理を活用することを謳い，包括的な独占禁止法を制定している．このように，政治体制の枠を超えて市場経済を軸とする「分権型経済法」が経済法の中心となっているといえる．ここでも，独占禁止法こそが経済の基本法であるといえる．

第2章 独占禁止法の歩み

第1節 独占禁止法の歴史

わが国が独占禁止法を制定したのは，第二次世界大戦の敗戦を契機としてである．昭和22（1947）年のことである．

同法は，アメリカ反トラスト法およびその運用を模範として制定された．同法はそれまでのわが国の経済立法にはなかった考え方に立脚するものである．

独占禁止法を理解するためには，それまでの日本の経済立法の特質，反独占思想を知ることが有用である．

1 戦前の競争・独占政策

明治政府の樹立により，近代国家への第一歩をわが国は踏み出した．これは近代法制の整備を核としていたが，そこにはさらに，欧米諸国と肩を並べるための国家的急務を背負っていた．すなわち，治外法権と不平等条約の撤廃であった．

わが国の場合，法の整備は国家主導で進められ，「富国強兵・殖産興業」のスローガンのもと，近代企業の創設・育成も国家が率先していった．そこには，今日われわれのみる「自由と競争」という発想はなかった．産業保護は軍備の拡張と植民地化政策の一環としての対外進出政策との関わりで進められ，日清・日露の戦争を経て中央集権的な経済国家が誕生した．

2 カルテルの普及

第一次世界大戦を契機として，わが国は資本主義的発展を遂げることになった．この頃，企業間にカルテルが進行していった．とくに大正12（1923）年の関東大震災による恐慌を契機とするカルテルの本格化を取り上げることができ

よう.

　代表的な経済立法（カルテル法）として大正14（1925）年の「輸出組合法」があり，これは国家の介入による輸出助成を図ることで，慢性的な恐慌を打破する糸口を見出すとともに，経済活動への国家の積極的な関与を根拠付けることを目的としていた．したがって，カルテル非加盟者へのカルテルの強制を可能にした．

　この時期のわが国は，資本主義といってもまだ初期の段階であって，カルテルのもたらす弊害が明確になるほど産業化が進んでいなかった．そこでは，カルテルによるメリットのみに眼が向いていたわけでありカルテルによる産業の秩序が図られていた．

　さらに，昭和4（1929）年の世界大恐慌を受けて昭和6（1931）年には「重要産業統制法」が登場し，経済的危機の克服をめざした．

　この年，「満州事変」が勃発した．ここにこの時期の経済立法のもう一つの顔を見ることができる．すなわち，戦時経済立法としての顔である．同法は，重要産業に対するカルテルの結成を容認し，重要産業の国家的統制を意図したものであり，同時に戦時経済統制に向けての準備も企図されていた．

　＊第二次世界大戦前の経済統制法
　　◆重要産業統制法（1931年）
　　　日本が，近代化の過程で，極めて短期間に急速な発展を遂げたのは，わが国の経済的な発展が，その資本主義経済体制の当初から，とくに国家権力との結びつきによる独占的な要素をもちながら展開したことに対応する．

　　　第一次世界大戦当時，独占色の強い経済体制でありながら，わが国の資本主義は高度に発展しており，多くの産業部門について，企業の高度な集中，結合体の成立をみたのであった．

　　　ところが，第一次世界大戦後の不況，関東大震災による打撃による混乱，昭和5（1930）年1月の金輸出解禁の影響で不況がさらに深刻になった．このような状況のなか，昭和6（1931）年「重要産業統制法」が成立した．ここにわが国の戦時経済（統制）法の登場をみるに至るのである．

　　　「重要産業統制法」の意味するところは，企業の集中・結合によることを中心として，多くの市場において市場支配力が形成されたこと，またその可能性を前提として，その存在を承認しながら，それに対して国家による規制を加えその濫用を抑えるところにあった．つまり，規制の在り方として，市場支配力の存在を前提として，一定の規制を加えることによって，こうした力の存在による市場の機能の喪失を修正することを意図するものであった．

それで,「重要産業統制法」では,重要産業を営む者の統制協定,共同販売営業者,巨大独占営業者について届出義務を課し,それらに対して一定の勧告をすることができる旨を定めていた.
　また,統制協定が関係産業において十分に統制の効果を上げるために統制協定加盟者に協定違反を禁じ,統制協定非加盟者にも同業者には統制命令を発しうることとしていた.統制協定の非加盟者への命令の適用拡張は異例のものであった.
　ここでの特徴は,（戦争遂行という目的のため）行政庁が統制協定の策定などの競争制限行為に関与することができるという点である.
　戦時経済体制を推進するためにさらに強化された統制経済立法が「国家総動員法」である.これは昭和13（1938）年,「重要産業統制法」に代わって（昭和16（1941）年同法は失効）成立したものである.

　明治維新による上からの「法律革命」は,「法律の留保」という条件付きながら,「所有権不可侵（明治憲法27条）」などの「私的自治」の法制度を少なくとも1920年代までは,原則として位置づけ,例外的に特権としての「独占」を承認する立場がとられていた.しかし,経済的危機の克服に端を発し,戦争遂行にその重点が移り,限りなく中央管理型・集権型経済へとその統制の度合いが強まった段階では,市民法の舵取り原理である「私的自治」による秩序構想は頓挫するに至った.もとより,わが国には明治維新以来,実生活のなかでの「個の確立」が実現できておらず,「私的自治」による秩序構想はそれ自体も十分な芽すら出ていなかったとみるべきであろう.その萌芽は第二次世界大戦敗戦まで待つことになるのである.

第2節　戦後経済改革と独占禁止法の制定事情

　ポツダム宣言の受諾をもってわが国は敗戦を迎えた（昭和20年8月15日）.
　戦後日本の近代化政策の柱として,新憲法の制定,農地改革,労働組合活動の保障そして財閥解体が同宣言の中にあった.
　昭和22（1947）年5月3日施行の新憲法につき,連合国軍総司令部は談話の中で,「個人の自由,個人の尊厳」について,個人の主体性が進歩に不可欠との理解を示し,政治権力の集中および私的経済力の集中が個人の自由を危うくし,個人の自由と尊厳の保障こそが日本の国体である旨述べている.これは,政治上の民主主義と市場取引そして分権型経済体制とは分かち難く結びついているとの認識の表れであるといってよかろう.

戦後のわが国の経済の民主化は，このような考えに基づき，まず財閥解体という形で着手された．そして独占禁止法制定の基盤を整える臨時的措置として「過度経済力集中排除法」が制定された．もっとも，この法律の運用に関してはアメリカ国内でも批判が強く，結局，実際に分割再編成の対象とされたのは，大日本麦酒，三菱重工業，日本製鉄，王子製紙，大建産業，井華工業，東洋製罐，三菱鉱業，三井鉱山，帝国繊維，北海道酪農協同の11社と一部の工場のみであった．

　これらの措置は，中央管理・集権型経済体制の復活を阻止するためのものであり，さらにこれを恒久化するための立法が必要となった．ここに「私的独占の禁止および公正取引の確保に関する法律」が公布されるに至った．昭和22（1947）年4月14日のことである．

《別表》
1　第二次世界大戦前
　　明治期の経済体制……中央集権型の統制経済体制（富国強兵・殖産興業）
　　　　　　　　　　　　財閥の台頭
　　世界大恐慌期…………独占助長政策による対処（強制カルテルの実施）
　　　　　　　　　　　　大正14年「輸出組合法」
　　　　　　　　　　　　昭和6年「重要産業統制法」
　　戦時統制経済体制期…昭和12年の日華事変
　　　　　　　　　　　　昭和13年「国家総動員法」
2　占領政策としての経済民主化
　　労働運動解放，農地改革，財閥解体，過度経済力集中排除，私的統制団体除去
　　昭和22年「原始独占禁止法」制定
　　昭和23年「事業者団体法」制定
3　独占禁止法の主な改正の経緯
　　昭和24年改正
　　　①国際契約についての規制緩和，②企業結合に関する規制の緩和（事業会社による株式保有緩和，役員兼任禁止の競争会社間への限定）
　　昭和28年改正
　　　①カルテルの認可制導入，②会社間の株式保有，役員兼任，合併等も一定の取引分野における競争を実質的に制限しない限り可能とする，③適用除外として再販売価格維持契約，不況カルテル，合理化カルテルの承認
　　昭和52年改正
　　　①カルテルに対する課徴金制度の導入，②寡占対策強化のための独占的状態の規

制，③ 大規模会社の株式保有の規制
平成3年改正
　日米構造問題協議に伴う課徴金の算定率の引き上げ（協議では，わが国の談合，系列取引など排他的取引慣行，不透明な流通慣行の是正が求められた）
平成4年改正
　法人に対する罰金額の上限が1億円に引き上げ
平成9年改正
　持株会社の解禁
平成10年改正
　合併に関する届出・報告対象範囲の縮減
平成11年改正
　適用除外カルテル規定・自然独占規定の削除
平成12年改正
　私人による差止請求制度の新設
平成14年改正
　① 大規模会社の株式保有総額の制限の廃止，② 書類の送達規定等についての規定の整備，③ 法人等に対する罰金の額の引き上げ
平成17年改正
　① 課徴金算定率の引き上げ等，② 課徴金減免制度の導入，③ 公正取引委員会の審判手続等の見直し，④ 犯則調査権限の導入，⑤ 価格の同調的引き上げに対する報告徴収規定の廃止
平成21年改正
　① 課徴金制度の見直し（適用範囲の拡大）
　排除型私的独占，不当廉売，差別対価，共同の取引拒絶，再販売価格の拘束，優越的地位の濫用
　主導的事業者に対する課徴金の割増し（5割増し）
　課徴金減免制度の拡充（最大5社）

課徴金算定率　　（　）内は中小企業の場合

	製造業者	小売業	卸売業
不当な取引制限	10%(4%)	3%(1.2%)	2%(1%)
支配型私的独占	10%	3%	1%
＋　改正法で追加			
排除型私的独占	6%	2%	1%
不当廉売，差別対価等	3%	2%	1%
優越的地位の濫用	1%		

② 不当な取引制限等の罪に対する懲役刑の引上げ
　　　　3年以下→5年以下
③ 企業結合規制の見直し
　　株式取得の事前届出制の導入等
④ その他
　　事業者団体届出制度の廃止
平成25年改正
　　審判制度の廃止　52条〜68条，80条，81条
　　東京地裁での審理・裁判（改正法85条）

第3章　独占禁止法の目的と基本概念

第1節　独占禁止法の目的

　1条に目的規定が設定されたのは，独占禁止法が占領政策の一環として制定され，しかも日本になじみのない考え方を植え付けて国民に熟知させる必要性から，できる限り詳細な目的規定を掲げることが望ましいと判断されたものと思われる．したがって，この目的規定は一種の宣言的規定であって直接的には法律効果を生じない．しかし，その法律の解釈基準として機能することは否定できない．

　1条の目的規定の意義について以下のように分説する．

この法律は，
（第1段）① 私的独占，不当な取引制限及び不公正な取引方法を禁止し，
　　　　② 事業支配力の過度の集中を防止して，
　　　　③ 結合，協定等の方法による生産，販売，価格，技術等の不当な制限その他一切の事業活動の不当な拘束を排除することにより，
（第2段）① 公正且つ自由な競争を促進し，
　　　　② 事業者の創意を発揮させ，事業活動を盛んにし，雇傭及び国民実所得の水準を高め，以て，
（第3段）① 一般消費者の利益を確保するとともに，
　　　　② 国民経済の民主的で健全な発達を促進することを目的とする．

　第1段は，独占禁止法の禁止内容を示している（三本柱の明示）．
　第1段の②にいう「過度の集中」防止は，いわゆる結合規制（持株会社規制を含む）のことを指す．独占禁止法の第4の柱として位置付けるものとして理解するのが妥当であろうが，いずれにせよ，第1段の①を補完するものといえる．

第1段の③は、第1段の①の言い換え、すなわち具体的な内容を示し、効果を要約している。
　第2段の部分が、独占禁止法固有の目的を示している。つまり、競争の維持・促進が固有の目的である。
　第3段が独占禁止法の最終的な目的である。

　＊独占禁止法の目的については、「公正且つ自由な競争を促進し」以て「一般消費者の利益を確保するとともに」、「国民経済の民主的で健全な発達を促進すること」が中心となる。

このように、独占禁止法1条は、直接目的である「公正且つ自由な競争」の促進により、事業者の創意工夫が発揮されることと事業活動を盛んにすることを説く。そしてそれが一般消費者の利益をもたらすものと規定する（この部分が究極目的とされる）。

　＊独占禁止法1条の目的規定
　　——根岸＝舟田『独占禁止法概説［第5版］』による補足——
　　独占禁止法1条は、この法律がどのようなものであるかを端的に明らかにしたものである。そしてその後段部分で立法目的を、その前段部分で立法目的を実現するために採られる規制内容をそれぞれ示している。これまで独占禁止法は、その規制内容の具体的規定につき、相当の改正を行ってきたが、1条の目的規定は、制定以来の内容がそのまま受け継がれている。
　＊＊立法目的をめぐる学説
　　立法目的は、当該法律全体の性格を規定するものであり、当該法律全体の指導的な解釈基準となるものである。それだけに、独占禁止法の立法目的をどのようにとらえるかは、重要な意味をもつことになる。独占禁止法1条については諸説あり、意見の対立がある。
　　・通説的見解　　独占禁止法の目的は「公正且つ自由な競争の促進」にあるとする。そして独占禁止法を競争（秩序維持）政策を実現する法律ととらえる。
　　　1条後段の「公正且つ自由な競争を促進し」以下の部分は、独占禁止法が実現しようとする競争政策の意義ないし存在理由を明らかにしたものであるとする考え方である。
　　　公正取引委員会もこの通説的見解を支持している。
　　・有力説　　通説的見解に対し、独占禁止法の目的はその究極目的である「国民経済の民主的で健全な発達の促進」にあるとして、競争政策は究極目的実現の手段にすぎず、究極目的に合致する限りにおいてのみ実現されるべきものであ

るとする．究極の目的に合致しない場合には，他の政策に道を譲るべきである
とする．

＊＊＊「国民経済の民主的で健全な発達の促進」に対する解釈の違い

　この文言は，戦後改革の一環として制定され，経済機構の民主化を定着させるという独占禁止法の歴史的役割を反映したものである．特定の事業者，事業者グループが市場支配力・経済力を自らに集中させるのではなく，分権・分散的で多様性に富んだ経済主体から構成される経済制度・機構を維持しようとするものである．

(1)これを消費者，生産者を含めた国民経済全般の利益の促進を意味するものと解釈する考え方（両者の利益を包含するものが究極の目的とされた）と，(2)これを一般消費者，中小企業などの経済的従属者の平等権の確保を意味するものと解釈する考え方がある．

　(1)は，かつてのわが国の支配的政策が，国際競争力の強化にあり，カルテルを容認する方向にあったため，独占禁止法そのものの運用が停滞・消極的であったときに主張された．

　したがって，一般消費者の利益と国民経済全般の利益が相反する場合には，前者は後者に席を譲るべきとものとされていた．しかしこの考え方は，前記目的規定の第3段の①と②を分断するものとして今日では否定されている．すなわち，一般消費者の利益は，国民経済の民主的で健全な発達にとって，それなしでは意味をなさない本質的構成要素であり，両者は不可分一体の関係にあると解される．

　(2)は，独占禁止法を中核とする経済法全体を独占資本主義段階の国民経済社会に存在する経済的従属関係を規制する法として，社会法的性格を有するものとして統一的に把握しようとする考え方である（かつての正田彬説）．

＊＊＊＊判例の見解　　独占禁止法の直接の目的は，自由競争経済秩序の維持，すなわち「公正且つ自由な競争の促進」にあるが，究極の目的は，「一般消費者の利益の確保」と「国民経済の民主的で健全な発達の促進」にあるとしている．通説的見解に近い中間的立場を採用し，独占禁止法を原則として，競争政策を実現する法としてとらえるとともに，その究極の目的の実現のために競争政策が道を譲らなければならないのは例外的な場合に限られる，という立場を採っている．

　以上の考え方の相違は，「私的独占」と「不当な取引制限」の共通の要件である「公共の利益に反して」の解釈や，「私的独占」，「不当な取引制限」，「事業者団体の禁止行為」に共通する要件である「競争の実質的制限」の解釈，「不公正な取引方法」の実質的要件である「公正競争阻害性」の解釈，そして「独占禁止法の適用除外規定」のとらえ方などに重要な影響を及ぼすことになる．

　すなわち，これらの文言・適用除外規定の解釈として，市場競争の一定の制限を禁止することによる利益と当該行為によって守られる利益とを比較衡量することになる．

　判例（最高裁昭和59年2月24日判決・刑集38巻4号1287頁）も，「公共の利益に

反して」について，原則として独占禁止法の直接の保護法益である自由競争経済秩序に反することをいうが，この法益と当該行為によって守られる利益を比較衡量して「一般消費者の利益を確保するとともに，国民経済の民主的で健全な発達を促進する」という究極の目的に実質的に反しないと認められる例外的な場合を不当な取引制限から除外するものとしている．

第2節　独占禁止法の基本概念

以下，独占禁止法2条を参照しながら概説する．

1　事業者

民法における「人」や商法における「商人」がそれぞれの法主体であると同様，独占禁止法の主体であり，同法の基礎概念の一つである会社に限らず会社以外の各種法人，個人も事業を行う限り事業者となる．

「事業」…………何らかの経済的利益の供給に対応し反対給付を反復継続して受ける経済活動をいう．これは，営利を直接の目的とすると否とを問わない．

事業者の範囲……独占禁止法の適用の対象となる事業者に当たるか否かの判断基準となる．詳細は次の通り．

① ある目的で同種の行為を反復継続して行っているかどうか．
② 事業内容が，商品やサービスを供給し，その対価を受けるものであるかどうか（経済事業であることを要するが，営利を目的としているかどうかは問わない）．
③ 事業として独立しているかどうか（被傭者との区別をいう．但し，個人，法人を問わない）．

＊「事業」を行っている限り，法人であると個人であるとを問わず，「事業者」であり，国，地方公共団体であっても「事業」を行っている場合には，その主体である限りにおいて「事業者」である．
　例：官製はがきの販売を行っていた国（旧郵政省）……最高裁平成10年12月18日判決・審決集45巻467頁
＊＊会社以外の者で事業者として認定された例
　・教育事業を行う者　　自動車教習所（宮崎県指定自動車学校協会事件，公取委昭和59年4月24日勧告審決・審決集31巻3頁）

- 自由業者　昭和54年8月公正取引委員会公表「事業者団体の活動に関する独占禁止法上の指針」では「一定の資格を有する者又自由業に属する者については，それらの者が業として経済活動を行う場合には『事業者』に該当する」．昭和56年8月公正取引委員会公表「医師会の活動に関する独占禁止法上の指針」では，医師会についても独占禁止法の適用があることを明らかにしている．
- 建築士（(社)日本建築家協会に対する件，公取委昭和54年9月19日正式審決・審決集26巻25頁）
- 医師（千葉県医師会に対する件，公取委昭和55年6月19日勧告審決・審決集27巻39頁），歯科医師（(社)上伊那歯科医師会に対する件，公取委平成3年3月12日勧告審決・審決集37巻73頁），獣医師（村上美智子損害賠償請求事件，福岡高裁平成2年8月29日判決・審決集37巻222頁）
- 会社以外の法人　　財団法人，金庫
- 地方公共団体　　と畜事業を行う地方公共団体（日本食品(株)損害賠償事件，最高裁平成元年12月14日判決・民集43巻12号2078頁）

2　事業者団体

(1)　総説

事業者団体の活動がなぜ規制されるのか？

これは，事業者団体の組織的活動を通じてカルテルが形成・実施されることを規制するためである．独占禁止法は，8条で事業者団体の一定の活動について，これを禁止し，事業者団体の活動を監視する．

8条で事業者団体の活動規制が定められているのは，不当な取引制限の禁止は事業者の行為を対象としているので，事業者団体それ自体の組織的行為は対象外となるからである．そのため，これとは別に事業者団体の行為についても規定を設けたわけである．

実際にも，事業者団体の組織的活動を通じて競争制限的行為の実施が容易となり，これを規制する必要がある（戦前・戦中のわが国では，国家統制の手段として事業者団体が多く利用されていた）．

(2)　3条後段との関係

事業者の共同行為の規制という点からみて，8条は3条後段による不当な取引制限禁止の補完規定であるといえる．しかし，事業者団体の活動は，すべて構成員の共同行為という性格を有しているので，行為類型が3条後段のように

特定されていない（8条1号）．

　他方，組織的活動という点で拘束性が強いので，3条後段よりも競争制限の度合いが低い場合も禁止の対象とすることができる（8条3・4号）．また，事業者団体に結合した経済力が対外的に行使され競争制限が生じることを防ぐために，不公正な取引方法を行わせるようにさせる場合も規制対象となっている（8条5号）．

　こうしてみると，8条は3条および19条の補完規定であるとともに予防規定でもある．

(3) 事業者団体の概念
① 事業者の結合体

　事業者団体とは，複数の事業者から構成される事業者としての共通の利益を増進させるための結合組織をいう（2条2項）．

　前述のように，構成員の事業者性が問題となる（→自由業の場合）．また，要件として独立の事業者の結合体であることが求められる．

　結合体に参加した事業者が結合組織に没入して独自の事業活動を行っていない場合，結合体自体が自ら事業活動を営むことを目的とする場合（共販会社）は，事業者団体ではない（2条但書）．

② 共通の利益の増進

　事業者団体は，事業者としての共通の利益を増進するための組織である．これは，事業者としての利益の増進を目的とすることが要件であり，単なる親睦のための組織は含まれない．しかし，事業活動についての研究討議，統計資料の配付などの業界の発展・連絡協調を目的とする活動を行っているものは事業者団体である（したがって，ここでいう「利益」とは経済的意味での利益に限定されない）．

　愛媛県LPガス保安協会事件（公取委昭和47年7月25日審決・審決集19巻40頁）では，プロパンガスの安全性の確保を主たる目的とする団体でも，「プロパンガスの保安が確保されるか否かはこれを販売する事業者にとってはその営業の成否に関する問題であって……事業者としての共通の利益であ」り，また，実態としても，その「事業計画において……災害防止対策と並んで，『経営合理化と原価意識の向上』および『適正価格の研究指導と維持』を強力に実行する旨の決定をして」おり，当該団体の「活動の重点の一つが……<u>価格面の指導を</u>

通じてその構成員たる販売業者らの経理的基礎を確立することに置かれていた」ので事業者団体に該当すると判断された．これは，構成事業者の事業活動に関する調整行為（競争制限）とみられる．

（注：下線は，筆者による）

③ 組織性

事業者団体とされるためには，構成事業者とは別個のものとして識別できる社会的存在であることを要する．構成員とは独立した名称を有し，かつ，ある程度恒常的な組織をもつことが必要である．規約の有無，役員の存在が基準となる．

3　一定の取引分野

(1) 概要

「一定の取引分野」とは，商品あるいは役務について供給者と需要者との間で取引の行われる場であり，商品あるいは役務の供給および需要をめぐって事業者間に競争が行われている場（市場）である．

独占禁止法の規定の中では，私的独占（2条5項），不当な取引制限（2条6項），事業者団体の禁止行為（8条1号），会社による株式保有の規制（10条1項），合併の規制（15条）などの中に出てくる．

「一定の取引分野」の画定は，「競争の実質的制限」の存否を認定する前提となるものであるが，両者は必ずしも独立して理解されるべきものではなく，「一定の取引分野」は，競争制限行為の態様に応じて個別具体的に画定されるべきものである．例えば，カルテルの場合，その内容および範囲を画定することにより「一定の取引分野」が明らかになる．

> ＊市場とは，独占禁止法違反事件の具体的事案に固有な競争圏であり，これの画定は，当該事案の特殊性に応じて個別的・具体的に決定される必要がある．
> 　理論的意義として，市場の画定は，「競争の実質的制限」の認定上不可欠である．また，市場はその範囲を狭くとれば「競争の実質的制限」の成立する可能性は増大し，広くとれば減少する．ここに市場の画定の実践的意義がある．

(2) 「一定の取引分野」の範囲

「一定の取引分野」の範囲を画定するための要素として，一般に，① 取引の対象とされている商品等，② 取引の相手方，③ 取引の行われている地域，④

取引の段階の四つが挙げられる.

「一定の取引分野」は,これらの要素を勘案して個別具体的に画定されるが,固定的なものではなく,競争制限の態様に応じて,例えば,同一の商品について全国的な取引分野として画定されることもあれば,地域的な取引分野として画定されることもあるというように重畳的に成立し得るものである.

① 取引の対象とされている商品等

「一定の取引分野」は,同種または類似の商品または役務の間に成立する.類似なものであるか否かは,同一の需要者群により選択の対象となり,用途等から判断して同種の商品と密接な代替性が認められるか否かによる.例えば,鉄道と乗り合いバスとが相互に競争関係にあるとして,両者を含めた旅客運送分野を「一定の取引分野」と認定した事例がある(広島電鉄(株)及びその役員4名に対する件(公取委昭和48年7月17日同意審決・審決集20巻62頁)).

② 取引の相手方

取引の相手方である一定の需要者群について「一定の取引分野」が成立するが,さらに,その中に含まれる相対的に独立した需要者群について「一定の取引分野」が成立することがある.例えば,特定の大口需要者向けの石油製品の販売分野を「一定の取引分野」と認定した事例がある(日本石油(株)ほか10名に対する件(公取委昭和30年12月1日正式審決・審決集7巻70頁)).

また,入札談合の場合にあっては,単独の発注官庁の発注する物件について「一定の取引分野」が成立する.例えば,埼玉県が発注する特定土木工事一式について「一定の取引分野」を認定した事例がある(鹿島建設ほか65名に対する件(公取委平成4年6月3日勧告審決・審決集39巻69頁)).

③ 取引の行われている地域

取引の行われている地域等から,全国的なもの,地域的なもの等の「一定の取引分野」の地理的範囲が画定される.地域的なものとして,例えば,北海道地区のセメントの販売市場について「一定の取引分野」を認定している(日本セメントほか7名に対する件(公取委平成3年1月25日勧告審決・審決集37巻58頁)).

輸入に係るものについて,例えば,わが国へのソーダ灰の輸入分野を「一定の取引分野」と認定した事例がある(旭硝子(株)ほか3名に対する件(公取委昭和58年3月31日勧告審決・審決集29巻104頁)).

④ 取引の段階

商品は,通常,製造業者,卸売業者,小売業者,消費者という経路で販売さ

れるが，それぞれの取引段階で「一定の取引分野」が成立し，また，複数の取引段階を包含して「一定の取引分野」が成立することもある．例えば，ダストコントロール製品の供給業者6社が同製品の末端標準レンタル価格の引き上げを決定したことについて，わが国におけるレンタルの方法によるダストコントロール製品の供給分野を「一定の取引分野」と認定した事例がある（（株）ダスキンほか5名に対する件（公取委平成3年10月18日勧告審決・審決集38巻104頁））．

4 競争・競争の実質的制限
(1) 概要
独占禁止法は，「公正且つ自由な競争」を促進するために，競争を制限ないし阻害する一定の行為および状態を規制する法律である．したがって，競争概念は，独占禁止法にとって最も重要な基礎概念である．

  *競争概念　特定の市場において，複数の事業者が，他を排して第三者との取引機会を獲得するために，相互に競い合うことを意味する「行為概念としての競争」と，いかなる事業者（またはその集団）も市場支配力を有していないことを意味する「構造概念ないし状態概念としての競争」がある．

独占禁止法は，「競争」の状態を維持することを企図し，事業者間の競争関係を維持することを企図している．独占禁止法2条4項には，「競争」についての定義がある．この定義から，「競争」には，①売り手競争と買い手競争とを含むこと，②顕在競争と潜在競争とを含むことを明らかにしている．

しかし，この定義は，競争関係にあることの意義を明らかにするものではあっても，先に述べた行為概念としての競争や状態概念としての競争を必ずしも適切にとらえるものとはなっていない．

(2) 競争の実質的制限
「競争の実質的制限」の概念は，「私的独占」，「不当な取引制限」，「事業者団体の行為」，各種の企業集中に共通する違法要件である．

「競争の実質的制限」は，前述した状態概念としての競争の反対概念であり，特定の事業者または事業者集団が「市場支配力」を保有している状態を意味する．

「市場支配力」の保有とは，典型的には市場価格を支配する力または競争を

排除する力を保有することである．現実の価格の引き上げや競争者の排除があったかは必要ではない．

「市場支配力」は相対的な概念であるので，一義的に把握することはできない．つまり，経済学でいう完全競争の条件が欠ける場合はつねに「市場支配力」が存在するとみることができ，また完全独占に至ってはじめて「市場支配力」が存在するとみることができるのである．

独占禁止法の現実の解釈運用においては，有効な競争を期待することができない状態にある場合に「市場支配力」が存在するとしている．

＊「競争の実質的制限」の意義を最初に明らかにしたリーディング・ケース「東宝・スバル事件」（東京高裁昭和26年9月19日判決・高民集4巻14号497頁）

本件は，東宝がスバル興業から映画館（スバル座，オリオン座）を賃借したこと（経営委任契約の締結）が，独占禁止法16条違反に問われた事件である．

「原告は，競争の制限が実質的であるためには，料金の引き上げを来すであろうとか，数本立を一本立にするであろうとかいう，具体的事実を示さなければならないのに，審決にはこれを示していないと主張している．なるほど，原告の挙げている事例は，これによって競争の制限が実質的であると認定する一資料たる場合があることは認められるけれども，法第15条第1項第2号にいうところの競争の実質的制限（第2条第3項，第4項〔現行第5項，第6項〕等についても同じである）とは，原告のいうような個々の行為そのものをいうのではなく，競争自体が減少して，特定の事業者または事業者集団が，その意思で，ある程度自由に，価格，品質，数量，その他各般の条件を左右することによって，市場を支配することができる形態が現れているか，または少なくとも現れようとする程度に至っている状態をいうのである．」（注：法第15条第1項第2号とあるのは，昭和24年改正法当時の規定である．）

この東京高裁判決の考え方は，その後の判決においても踏襲されており，今日の公正取引委員会の実務においても採用されている．

本判決は，「競争の実質的制限」を事業者の側からとらえている点に特徴がある．次の「東宝・新東宝事件」（東京高裁昭和28年12月9日判決・高民集第6巻第13号868頁）は，この点，異なった特徴を指摘されている．判決文を引用する．

「競争を実質的に制限するとは，競争自体が減少して，特定の事業者または事業者集団がその意思で，ある程度自由に，価格，品質，数量，その他各般の条件を左右することによって，市場を支配することができる状態をもたらすことをいうのであって」「いいかえればかかる状態においては，当該事業者または事業者集

団に対する他の競争者は，それらの意思に拘わりなく，自らの自由な選択によって価格，品質，数量を決定して事業活動を行い，これによって十分な利潤を収めその存在を維持するということは，もはや望み得ないということになる．」

前段の部分は，「東宝・スバル事件判決」と同じ趣旨であるが，後段の部分は独自の議論を展開している．すなわち，後段の部分は，市場支配の行為主体の側からではなく，市場支配の影響を受ける側（「他の競争者」の側）から「競争の実質的制限」をとらえている．学説は一般的に，本判決を，「競争の実質的制限」を不当に狭く解するものであって妥当でないと批判している．

前述のように，公正取引委員会も，今日，「東宝・スバル事件判決」の判断を支持しているが，「新日本製鐵合併事件」（公取委昭和44年10月30日同意審決・審決集16巻46頁）では，「東宝・新東宝事件判決」に従った．審決の内容は次の通りである．

「ある事業者が，市場を独占することとなったり，あるいは取引上，その意思で，ある程度自由に，価格，品質，数量，その他各般の条件を左右しうる力をもつこととなり，これによって，競争事業者が自主的な事業活動を行いえないこととなる場合には，右の特定の事業者は，その市場における支配的地位を獲得することとなるとみるべきである．」

そしてこの説明に加えて，「有効な牽制力ある競争者」が他に存在すれば，市場支配力が形成されることにはならない，との判断を示した．

学説は，このような判断基準を批判する．

その後，公正取引委員会，東京高裁も，「東宝・新東宝事件判決」で示された考えを放棄している．平成23年6月14日の「企業結合審査に関する独占禁止法の運用指針（企業結合ガイドライン）」によれば，「企業結合により市場構造が非競争的に変化して，当事会社が単独で又は他の会社と協調的行動をとることによって，ある程度自由に価格，品質，数量その他各般の条件を左右することができる状態が容易に現出し得るとみられる場合には，一定の取引分野における競争を実質的に制限することとなり，禁止される」と述べており，「東宝・スバル事件判決」の考え方を前提としている．

＊＊《近時の最高裁判例》　NTT東日本事件（最高裁平成22年12月17日判決・民集64巻8号2067頁）では，私的独占について，「競争を実質的に制限すること」，すなわち市場支配力の形成，維持ないし強化という結果が生じていたと判じた．これは，通説のいう「市場支配力の形成，維持ないし強化」という定義を採用している．

また，多摩談合事件（新井組）（最高裁平成24年2月20日判決・民集66巻2号796頁）では，不当な取引制限について，「一定の取引分野における競争を実質的に制限するとは，当該取引に係る市場が有する競争機能を損なうことをいい，本件基本合意のような一定の入札市場における受注調整の基本的な方法や手順等を取り決め

る行為によって競争制限が行われる場合には，当該取決めによって，その当事者である事業者らがその意思で当該入札市場における落札者及び落札価格をある程度自由に左右することができる状態をもたらすことをいう」とした．これは，前記東宝・スバル事件判決等がいう「ある程度自由に……左右することができる状態をもたらす」という定義を採用したものと考えられる．

第4章　私的独占の禁止

第1節　集中規制としての私的独占

　一般集中と市場集中とは，いずれも経済における支配力の集中という，自由競争とは相反する現象を示すもので，次のように分けられる．

　一般集中とは，上位数社が，全産業または全企業の中でどのような相対的規模をもっているかを示す指標（巨大企業およびそれを支配する少数の人々が，国民経済全体に対し大きな経済的支配力をもつに至った場合の経済力集中の程度を表す）である．

　市場集中とは，特定の産業（市場）において，売り手・買い手がどのような相対的規模をもっているかを示すものである．

　　＊市場集中は，特定市場における規模構造にかかわるものであるから，一般集中よりもより限定された概念である．
　　＊＊一般には市場集中は売り手集中の側面からとらえられる．また，個々の具体的な市場における経済的支配力の形成・存在ないしその強度に直接関わるのは，市場集中度の方である．

第2節　市場集中と私的独占

　独占禁止法2条5項が，私的独占を定義する．そして同法3条前段が私的独占を禁止する．市場集中との関係をみると，私的独占は，定義からみて，「他の事業者の事業活動を排除し，又は支配する」行為を要件としている．かかる行為の態様，方法，手段の如何は問われない．しかし，事業者のとる特定の行為あるいは一連の行為の連鎖が，他の事業者の事業活動の排除または支配として性格づけられるべきものであるとき，私的独占として問題となる．このとき，

どのような具体的行為を排除・支配と認定するかは，当該市場の客観的構造・状況との関連において考えるべきものであるという意味で，排除・支配と市場集中との間には密接な関連性がある．

次に定義規定では，私的独占の要件として，排除・支配により，「一定の取引分野における競争を実質的に制限すること」が挙げられている．この「取引分野」は「市場」のことであり，市場集中度の算定の基礎と共通するものである．市場集中度が高いことまたは高まることが，そのまま有効な競争が存在しないことの証とはならず，この場合その他の具体的な要因と併せて判断する必要がある．しかし，一定程度以上の市場集中がみられる市場には，有効な競争が存在しないであろうという事実上の推定に近い認定方法が許されるものと考えられる．

したがって，高い市場集中度を示す市場において，卓越した事業者が自己の有する市場における力を維持するために特定の排除・支配ととらえ得る行為をなす場合，あるいは排除・支配行為によって，高い市場集中度をもたらす場合には，「競争の実質的制限」と認定されることが多くなる．

*私的独占の禁止は，「排除・支配」という行為要件と，「競争の実質的制限」という市場の競争状態の変化に関する要件の2点に着目しており，それら2点とも市場集中と密接なつながりを有しているといえる．

第3節　私的独占の性格

私的独占は，単独の事業者による場合と複数の事業者による場合がある．すなわち，私的独占の第1の態様は，事業者の単独の行為によって市場全体の競争を実質的に制限することである．したがって，私的独占として問題とされる事業者は，当該市場において最も有力な事業者であるか，少なくとも，当該市場の競争状態を自己の行為によって大きく左右し得る程度の力を有している事業者である．

私的独占の第2の態様は，複数の事業者の結合または通謀などによる場合である．この場合，当該事業者が互いに競争関係にある者であれば，不当な取引制限とほぼ同様の市場構造であっても行われ得る．しかしそのような場合ではなく，縦の取引関係にあって，そのいずれかまたは両者の事業者の属する市場

の競争を実質的に制限するのであれば，両者または少なくともその一方は，当該市場において卓越した経済力を有している者である．

　以上，私的独占とは，市場において競争上優越した力を有する者による行為を主たる対象としているといえる．そして，実際の法の適用に際しては，その行為主体が市場支配力を獲得・形成したか，あるいはすでに有する市場支配力をさらに強化・維持しようとしたのか，という形でみることになる．

> 補論1

　集中規制の一環として行われる私的独占の禁止および企業結合規制に共通して認められる保護法益の一つに，「独占の弊害」規制を指摘することができる．

　独占に伴うデメリットは，競争のメリットと裏腹の関係にある．

① 独占は消費者の選択の自由，企業の機会の自由，個人の職業選択の自由などを侵害するため，究極的には自由社会の存立基盤を危うくする

　独占状態では，供給者は生産量を制限することで市場の条件を自己に最も有利なものに変更することができ，さらに市場価格を操作することで需要者や一般消費者の選択権を侵害することになる．

② 独占は資源の適正な配分を妨げる

　独占の存在する市場では，価格メカニズムが自動調節機能を十分に果たさないので，資源の配分が不均衡の状態におかれるのみならず，多額の広告宣伝費用が使用されることで資源の浪費も生じる．

③ 独占は技術の進歩と経済発展を阻害する

　市場において独占的地位を獲得した事業者は，競争者に対抗して技術の革新のための投資をする必要性を感じないため，技術の進歩は停滞し，経済の発展は阻害されることになる．

第4節　私的独占の法律要件

(1) 主体

　違反行為の主体は，事業者で，単独であると複数であるとを問わない．

　共同独占の場合は，合併・事業譲受等の「結合」のほか，違反行為を行う事業者間で「通謀し，その他」の方法を講じていることを要する．「通謀」というのは，不当な取引制限における「共謀」に類似しているが，縦の関係の通謀を含む一方，不当な取引制限ほど厳密に証明を要するものではない．また，通

謀者間では，共同で私的独占を遂行するという主観的客観的に密接性を有する経済的関係も必要となる．

(2) 行為

違反行為は，「他の事業者の事業活動」を対象として，これを「排除」するか，または「支配」することである．

「排除」とは，他の事業者に対し不正な方法で，事業をできなくさせてしまうか，事業の遂行を困難にさせることである．

「支配」とは，他の事業者を自己の影響下におくことである．

(3) 結果

違法行為の結果として「一定の取引分野における競争の実質的制限」という状況が現出することが必要である．

(4) 正当化事由

私的独占の違反に問うには，当該行為が「公共の利益に反して」いることが必要である．しかしこの要件は，それほど厳格に捉える必要はないと考える．(3)の結果が発生することが，「公共の利益に反し」たことである．

補論2
◆私的独占のエンフォースメント

独占禁止法2条5項によれば，私的独占には，他の事業者の事業活動を「排除」することによるものと，他の事業者の事業活動を「支配」することによるものとがある．

講学上，前者を「排除型私的独占」，後者を「支配型私的独占」と呼んでいる．もっとも，実際の事例の中には排除と支配が相俟って1個の私的独占が成立することもある．

前述のように，私的独占は，「排除」あるいは「支配」という行為に着目した違反行為である．したがって，私的独占のエンフォースメントは，次のとおりである．
(1)排除措置命令の対象となる（7条）．
(2)課徴金納付命令の対象となる（7条の2第2項，第4項）．

これは，平成17年改正によって，まず支配型私的独占のみを課徴金の対象とし，続いて平成21年改正で排除型私的独占をも課徴金の対象としたことで，私的独占全

体が課徴金の対象となった．ただし，減免制度（リーニエンシー）の適用対象ではない．
(3) 刑罰の対象となる（89条1項1号，95条）．
　「私的独占の罪」と称されている．これまでのところ，刑事告発された実例はない．
(4) 民事訴訟の対象となる（民法709条）．
(5) 可能性として，差止請求の対象となり得る（24条）．
　私的独占に該当する行為のほとんどは不公正な取引方法にも該当する．実質的に，私的独占は独占禁止法24条の対象となると解される．

◆私的独占の独占禁止法における位置づけ
(1) 不当な取引制限との比較
　両者を比較すると，行為要件にはあまり重なりはない．
　水平的な共同行為による競争制限行為は，実務上ほとんど，不当な取引制限として処理される．これは，私的独占として構成すると，前述の減免制度を適用できなくなるからである．
　垂直的な共同行為による競争制限については，これを私的独占として構成するのが通常である．
　共同独占（複数事業者による私的独占）の場合，行為主体間に競争関係が濃厚であるときには不当な取引制限として構成し，かかる関係が希薄とみられるときには私的独占として構成するとするのが，公正取引委員会の実務での姿勢のようである．
　＊理論上，一つの行為について私的独占として構成し，同時に，不当な取引制限として構成することも可能である．
(2) 不公正な取引方法との比較
　私的独占として構成できる違反行為は，ほとんど，不公正な取引方法としても構成することができる．
　エンフォースメントの点で，私的独占には刑罰規定があるが，不公正な取引方法にはないことが大きな違いであるが，実際上，私的独占に対して刑罰規定を適用することはないので，決定的な違いとはいえない．
　もっとも課徴金の面で，私的独占には重い課徴金がかかり，不公正な取引方法にはそうではない課徴金という，色分けがなされている．
　実務上の実益として，不公正な取引方法についても競争の実質的制限の存否を確認し，これをあえて私的独占として構成する可能性を探る動きが出てきた．

第5節　私的独占の行為要件

　私的独占は，排除または支配という手段行為によって，一定の取引分野における競争の実質的制限という効果ないし状態をもたらしまたは維持することである．

(1)　排除・支配
　独占禁止法2条5項の定義規定より，私的独占の実質的な行為要件は「排除し又は支配すること」である．

「排除」行為
　「排除」行為とは，他の事業者の事業活動を継続困難にさせたり，新規参入を困難にしたりする行為であり，排除されている状態それ自体ではなく，その状態をもたらす人為的な反競争的行為である．
　典型例としては，事業者の単独の行為として不当廉売（一般指定6項），地域的差別対価（2条9項2号，一般指定3項）などがあり，複数の事業者による行為として，原材料の供給者や流通業者との間で自己の競争者との取引を禁止する排他条件付取引（一般指定11項）が挙げられる．

　　＊競争者の排除は競争に必然的に伴うものであり，競争者を排除するあらゆる行為がここでの「排除」行為となるわけではない．人為的な反競争的行為のみが「排除」行為として扱われる．「排除」行為は，既存の事業者を市場から完全に排除したり，新規参入を完全に阻止したりする全面的な「排除」行為に至らなくとも，他の事業者の事業活動に大きな打撃を与え，既存の事業者の事業活動を困難に陥れたり，新規参入を困難にしたりする部分的な「排除」行為でも足りる．

「排除」の事例
① 埼玉銀行・丸佐生糸事件（公取委昭和25年7月13日同意審決・審決集2巻74頁）
　埼玉銀行が製糸工場に対する貸付金を回収するために，丸佐生糸という問屋を設立し，製糸工場に対して，輸出用の生糸を丸佐生糸に一手に取り扱わせるように要求した．このため，他の輸出用生糸問屋の事業活動が継続困難となった．当該行為は排除に当たるとされた．

② 雪印・農林中金事件（公取委昭和31年7月28日審判審決・審決集8巻12頁）＊百選8事件

雪印乳業と北海道バターは，農林中金等の了解を得た上で，同中金から融資を受ける酪農家に対し，牛乳を雪印乳業と北海道バターに納入するようにさせた．このため，森永乳業，明治乳業が北海道地区における事業活動の継続が困難になった．これは排除に当たるとされた．

③ 東洋製罐事件（公取委昭和47年9月18日勧告審決・審決集19巻87頁）＊百選16事件

東洋製罐は，同社製の缶の購入者である食品メーカー等が，自ら製缶施設を設置しようとしたのに対し，これを行った場合同社製の缶の供給を停止する旨を言明して，自家製缶事業を行うのを阻止したことが排除に当たるとされた．

④ 日本医療食協会事件（公取委平成8年5月8日勧告審決・審決集43巻1209頁）＊百選15事件

日本医療食協会は当時の厚生省が認可した公益法人であり，医療食の検査を行う唯一の機関である．日清医療食品は医療食の一次卸売業者である．協会と同社は通謀の上，登録制度，製造工場認定制度および販売業者認定制度を実施することによって，医療用食品の製造または販売事業者の事業活動を排除したとされた．

⑤ パチンコ機製造特許事件（公取委平成9年8月6日勧告審決・審決集44巻238頁）＊百選10事件

パチンコ機のメーカーが10社あり，この10社は，共同して設立した日本遊技機特許運営連盟とともに，パチンコ機の製造に関わる特許権を集積（プール）した．この特許権は，上記10社には実施許諾されたが，それ以外のアウトサイダーには実施許諾がなされなかった．これにより，新規参入業者を排除するものとされた．

⑥ パラマウントベッド事件（公取委平成10年3月31日勧告審決・審決集44巻362頁）＊百選17事件

パラマウントベッドは，東京都が発注する都立病院向けの医療用ベッドの指名競争入札等につき，都立病院の入札担当者に対し，同社のベッドのみが適合するような仕様書を作成するように働きかけた．これにより，同社のベッドだけが納入できることとなる入札が実施された．当該措置は，同社が他社のベッ

ドの販売を排除したものと認定された．

⑦ ノーディオン事件（公取委平成10年9月3日勧告審決・審決集45巻148頁）＊百選9事件

　ノーディオン社はカナダのメーカーであるが，放射性医薬品の原料であるモリブデン99を販売していた．これを購入する日本の業者は2社だけであったが，ノーディオン社は，この2社との間で，10年間にわたって同製品の全量をノーディオン社から購入する義務を課す契約を締結した．この排他的購入契約が他の業者を排除するものと認定された．

　本件は，私的独占に関する「域外適用」の事案である．

⑧ 北海道新聞事件（公取委平成12年2月28日同意審決・審決集46巻144頁）＊百選14事件

　北海道新聞が，函館新聞を排除するために，通信社からの配信を妨げたり，テレビ広告の放映の妨害をしたりするなどの行為をした．これらの行為が排除と認定された．

⑨ 有線ブロードネットワークス事件（公取委平成16年10月13日勧告審決・審決集51巻518頁）

　業者向けの有線放送をしている有線ブロードネットワークス社が，代理店と共同して，キャンシステム社という競争業者を排除するために，同社の顧客に限って，安い価格の聴取料を提示するキャンペーンを行った．このような措置が排除と認定された．

⑩ 奥道後温泉観光バス事件（高松高裁昭和61年4月8日判決・判タ629号179頁）＊百選（4版）12事件

　既存の路線バス業者が協定を結んで新規参入業者の事業活動を制限した事例である．

「支配」行為

　「支配」行為とは，他の事業者の事業活動に関する意思決定の自由を奪い，自己の意思に従わせる行為である．

　支配の方法や態様は問わないが，典型例として，株式保有，役員兼任，取引上の優越的地位の利用などが挙げられる．

＊株式保有については，独占禁止法10条，役員兼任については同13条によっても規制を受ける．私的独占の手段行為としての支配行為に該当するといえるためには，他の事業者の事業活動に対して現実に支配していることが必要である．

この支配行為に関しては，他の事業者の事業活動全体に対する支配行為，すなわち株式取得や役員派遣による企業支配行為と，具体的な特定の事業活動，例えば，価格，工場建設，生産，取引先などの決定に対する支配行為とが含まれる．

また，支配行為には，支配の対象となる事業者に対して直接行われる場合だけでなく，間接的に行われる場合も含まれる．

直接的支配：事業者が株式保有等により他の事業者の意思決定に直接の拘束を加え，その者を自己の意思に従わせることをいう．

間接的支配：事業者が市場における客観的条件を利用して，自己がある行動（例：再販売価格維持）を行えば他の事業者もそれと並行的な行動をとらざるを得ない状況の下にその行動をとり，他社をして並行的行動をとらせることをいう（野田醤油事件は間接的支配の事例である）．

これに対して間接的な支配を否定する見解は，間接的支配行為まで含めると私的独占の効果としての市場支配の状態との区別をなくすことになると主張する．他方，肯定する見解は，寡占的市場構造のもとでは，不公正な取引方法に該当するような明白な違法行為によることなく市場支配の状態を維持，強化することが容易であり，このような状態をできる限り除去するためには，何らかの人為性が認められる限り広く私的独占として規制していくべきと考える．

「支配」の事例

① 野田醤油事件（東京高裁昭和32年12月25日判決・高民集10巻12号743頁）＊百選18事件

昭和28年当時，最上級醤油といわれるのは，キッコーマン，ヤマサ，ヒゲタ，マルキンの4ブランドであり，キッコーマンの設定した価格に他の3メーカーも従うという慣行が存在していた．かかる状況の中で，キッコーマンの製造会社である野田醤油は，自社の取引先に対し再販売価格の指示を行ったところ，他のメーカーもこの価格体系に従った．審決は，野田が他のメーカーの価格決定を支配し，東京都内における醤油の取引分野における競争を実質的に制限したと認定した．東京高裁もこの審決内容を支持する判決を下した．

本件は，野田のプライスリーダーシップが支配に当たると認定された．

② 東洋製罐事件（前掲）

東洋製罐が，系列下にある4社の株式を保有し，役員を派遣するとともに，工場の新設を制限する等したことが支配に当たると認定された．

③ 日本医療食協会事件（前掲）

日本医療食協会と一次棚卸業者である日清が通謀して，製造業者の販売先，並びに，販売業者の仕入先，販売先，販売価格，販売地域および販売活動を支配したとされた．

④ パラマウントベッド事件（前掲）

パラマウントベッドは，入札に参加する事業者に働きかけて，入札価格を支持する等した．これは，入札に参加した販売業者の行為を支配したものと認定された．

第6節 独占的状態

1 構造規制

独占禁止法による規制は，文字通りの完全無欠ではない．具体的に当該事案に対して，それが規制の対象となり得たとしても，構成要件該当性などの点から問題なしとされ，同法の適用を免れたということもあろう．行為規制を原則とした場合，このような事態はままあり得るところである．しかし，その時は無罪放免であったとしても，時の経過に伴い，市場そのものが競争制限的な状態となり，市場構造が独占的状態に堕することもある．このような場合に取り組むべき接近方法が，構造規制である．ここで検討する独占的状態に対する規制は，この構造規制である．

昭和52年の独占禁止法改正で規制の強化をもたらした直接の要因として，昭和40年代後半に日本の経済が低成長期を迎え，経済の寡占化が進み，企業間における同調的な価格行動などの競争制限的慣行が顕著となり，その弊害が深刻化したことが挙げられる．また，寡占化に伴う管理価格の現象が著しくなったことも指摘できる．

昭和52年の法改正で，独占的状態に対する規制が導入されたのは，上述のよ

うな産業の寡占化による非競争的市場構造へ梃子入れをして，経済基盤を競争的なものへと復興させるねらいがあったのである．かつて昭和28年の法改正までは，「不当な事業能力の較差の排除」という規定があったが，改正後同規定が削除されたため，市場構造そのものを規制する手段を欠いていた．独占的状態に対する規制規定の導入によって再び構造規制が復活したのである．

2 独占的状態の私的独占との関係

行為規制を基本とする私的独占の禁止規定に，構造規制をねらいとする独占的状態の規制が加わったことから，両者はいかなる関係となるかが問われることになる．

両者は共に「独占」を対象としている．しかし，それぞれ「独占」を要件として扱う場合の基準が異なるといえる．私的独占は，独占禁止法2条5項にあるように，「一定の取引分野における競争を実質的に制限する」市場支配力をもたらす行為を「独占」の要件とするのに対し，独占的状態は，単に市場支配的状態をいうのではなく，とりわけ企業の集中が顕著である状態を「独占」として扱っている点に相違が認められる．したがって，後者に対する規制として「企業分割」や「営業の譲渡」のようなドラスティックな措置も必要とされるのである．両者を比較すると，独占的状態の規制における「独占」の方が，要件としては厳格な解釈を要求されることになる．要するに，独占的状態の規制は，行為規制ではもはや有効な競争の復活を期待できない程に集中の進んだ市場構造そのものに，規制のメスを入れることによって競争の復活を期待するものであるということができる．

3 独占的状態に対する規制の内容

(1) 独占的状態とは

独占禁止法2条7項は，独占的状態について定義する．そこでは四つの要件を掲げている．

第1は市場構造要件である．すなわち，当該1年間における「一定の商品」および「類似の商品」の価額または同種の役務の価額の合計額が1000億円を超えることとなることを要する．このような額を超える事業分野を対象としたのは，産業の規模がある程度以上の大規模なものだけを問題にする趣旨である．

この「一定の商品」には「同種の商品」のほかに，「当該同種の商品に係る

通常の事業活動の施設又は態様に重要な変更を加えることなく供給することができる商品」＝「施設共用商品」も含まれる．例えば，バターという「同種の商品」のほかに，その「施設共用商品」である練乳，クリームなどの商品も含まれ，事業者の総合力を評価することとされている．

なお，対象とする市場の画定については，「一定の事業分野」が基準となる．「一定の事業分野」は，「一定の商品」から構成される．この「一定の事業分野」は，もっぱら供給者側にのみ着目した概念であり，それを構成する商品は，機能および効用が同種ではない商品まで含んでおり，したがって取引の対象に係る「一定の取引分野」よりも広いものである．

第2は市場占有率要件である．すなわち，当該1年間に供給された「一定の商品」および「類似の商品」または「同種の役務」の数量について，上位の事業者の市場占有率が1社で50％超，2社合計で75％超であることを要する．

第1要件が市場の大きさを問題にするのに対し，こちらは，事業者の大きさを要件にしている．

第3は当該「一定の商品」または役務に係る事業分野に新規参入することが困難なことである．これは，表面に現れる市場占有率だけでなく，潜在的な競争の可能性をも配慮したものである．

第4は弊害要件である．すなわち，当該事業者が供給する「一定の商品又は役務」について，相当期間にわたって，価格の上昇が著しいか，その低下が僅少であって，① 当該事業者の属する政令で定める業種における標準的な政令で定める種類の利益率を著しく越える利益を得ているか，② 当該事業者の属する事業分野における事業者の標準的な販売費および一般管理費に比し著しく過大と認められる販売費および一般管理費を支出していることを要する．

このような状況は，事業者が合理化された経営をしていないことを示すものであり，市場の機能が有効に作用していないことを示すものである．

公正取引委員会によれば，第1要件と第2要件を満たしている事業分野としてビール等18品目と7種の「同種の役務」を指摘している（平成16年度年次報告208頁）．しかしこれらはいずれも，第3または第4の要件を満たしておらず，これまでに「独占的状態」に該当するとされたことはない．

(2) 必要な措置の内容

以上にみたような「独占的状態」があるときは，公正取引委員会は「事業者

に対し，事業の一部譲渡，その他当該商品又は役務について競争を回復するために必要な措置」を命ずることができる（独禁法8条の4第1項）．これは，いわゆる「企業分割」を競争回復のための措置として定めたものとされる．独占禁止法が予定している「企業分割」の内容としては，市場支配的地位にある事業者に対して（この場合，1社のときもあれば2社のときもある），事業部門の譲渡，工場や支店の譲渡のほか，資産の一部譲渡，所有している競争会社株式の処分などの措置であり，かかる措置を命じて当該市場を競争的にさせようとするものである．したがって，「企業分割」といっても，本格的な会社の分割，法人の分割を意味するものではない．「独占的状態」の規制にとり必要な措置とは，「事業の譲渡」までにとどまるものと解される．

(3) 措置停止要件（消極的要件）

前述の措置に対し，次のような消極的要件が定められている（独禁法8条の4第1項但書）．すなわち，① 事業の一部譲渡等の措置を講じることによって，当該事業者につき生産コストの著しい上昇をもたらすほどに規模が縮小し（規模の不経済性），経理が不健全になり，② 国際競争力を維持することが困難になると認められる場合，そして③ 他に競争回復措置がある場合には，事業の一部譲渡等の措置を命じることはできない．③については，例えば当該分野を監督する主務官庁が貿易障壁の撤廃等を図って輸入促進策を講じる場合が考えられる．

(4) 配慮事項

さらに，競争回復措置を命じるに当たって，公正取引委員会は，次に掲げる事項に基づき，当該事業者および関連事業者の事業活動の円滑な遂行ならびに当該事業者に雇用されている者の生活の安定について配慮しなければならない（独禁法8条の4第2項）．すなわち，① 資産および収支その他の経理の状況，② 役員および従業員の状況，③ 工場，事業場および事務所の位置その他の立地条件，④ 事業設備の状況，⑤ 特許権，商標権その他の無体財産権の内容および技術上の特質，⑥ 生産，販売等の能力および状況，⑦ 資金，原材料等の取得の能力および状況，⑧ 商品または役務の供給および流通の状況である．

以上のように配慮すべきことが規定されているが，これは訓示的規定であると解されている．

4　措置手続の特則

　公正取引委員会が，独占的状態に対する措置を命じる場合には，通常の違反事件処理手続とは異なる，特別の規定が置かれている．

　すなわち，公正取引委員会は，① 独占的状態に該当する事実があると思料する場合において，職権による適当な措置をとることとしたときは，その旨を当該事業者の営む事業に係る主務大臣に通知しなければならない（独禁法46条1項）．② 当該主務大臣は，公正取引委員会に対し，競争を回復するに足りると認められる他の措置に関し意見を述べることができる（同2項）．これは，独占的状態に対する措置をとるにあたり，規制発動に慎重と適正を期すため，公正取引委員会による調査開始の段階で主務大臣に対する通知を義務付け，主務大臣が意見を述べることができることを定めたものである．主務大臣による意見は参考にすぎず，公正取引委員会の判断を拘束するものではない．

　③ 公正取引委員会は，独占的状態がある場合，事業の一部の譲渡等の競争回復措置を命じることができる．その手続として，競争回復措置命令は文書によって行われ，独占的状態にかかる商品または役務について競争を回復させるために必要な措置，公正取引委員会の認定した事実，これに対する法令の適用を記載する（同64条1項）．また，主務大臣への事前協議と公聴会の開催が要件とされている（同5項）．

　④ 競争回復措置命令は，同命令書の謄本の通達（同2項）により，行政処分として名宛人を拘束する．しかし，排除措置命令・課徴金納付命令とは異なって，命令が確定するまでは執行することができない（同3項）．したがって，抗告訴訟の提起により，名宛人が不服申立てをした場合には，確定までの間，執行力を有しない．

5　本規定の効果

　この独占的状態の規制措置は，行為規制を中心とする独占禁止法制に状態をも規制の対象とする構造規制措置を導入した点において，肯定的に評価することができる．

　しかし本規定はこれまで一度も適用されたことはない．制定当初から「抜けざる宝刀」と揶揄されたように，本規定には手続の面において多くの制約がある．したがって，本規定の現実的な機能を求めるとすれば，前述の市場構造要件に該当する寡占的事業者は，前述の弊害要件に該当しないように，例えば，

価格の上昇を抑え，経営努力を経営合理化に向けるよう，自己抑制を図るように仕向けている点が挙げられよう．

　本規定をこのようにみるとすれば，それは，本来意図していた構造規制ではなく，弊害規制ということになろう．

第5章　企業結合規制

第1節　経済力集中の規制

1　市場集中と一般集中

　市場メカニズムが健全に機能するためには，企業が市場支配力を有していないことが必要である．

　また，特定の企業に経済力が集中すると，経済的民主主義が危うくなるおそれがある．

　市場メカニズムを有効に機能させることで経済的民主主義を守るのが，独占禁止法のねらいである．すなわち，経済力集中に規制の焦点を当てるわけである．

　経済力集中規制は，大別して行為規制と構造規制に分けられ，また市場集中規制と一般集中規制に分けられる．

　　＊市場集中規制のうち構造規制を除いたものと一般集中規制について，独占禁止法第4章に規定が置かれている．

　これら経済力集中規制は，独占禁止法「目的規定」の「事業支配力の過度の集中を防止」することに対応している．

	市場集中規制	一般集中規制
行為規制	会社による株式の取得・所有（事前届出）10条 会社の合併（事前届出）15条 共同新設分割・吸収分割（事前届出）15条の2 共同株式移転（事前届出）15条の3 事業等の譲受け（事前届出）16条 会社の役員の兼任　13条 会社以外の者による株式取得　14条	事業支配力過度集中会社　9条 銀行・保険会社による議決権の取得・所有　11条
構造規制	独占的状態　8条の4	

2　経済力集中の程度の測定

集中の程度を測定する尺度に一般集中と市場集中がある．

一般集中とは，一国の経済全体あるいは主要経済部門（例：製造業，金融業）全体における企業またはそれらの集団の経済力の集中の状況をいう．

> ＊資本金の多い上位100社の資本金総額あるいは総資産額の合計が会社全体に占める比率や，製造業の売上額，付加価値額，従業員数における上位100社の合計の製造業全体に占める割合などを指標にする．

市場集中とは，特定の商品・サービス市場での特定の企業への経済力の集中の状況をいう．

> ＊当該商品・サービスの生産額，供給額，生産・販売数量，設備能力などが特定の上位企業にどの程度集中しているかによってはかる．
> 　特定の商品・サービス市場において特定の企業に集中が高まると，当該企業は，市場支配力を行使して市場メカニズムを阻害するおそれがでてくる．
> ＊＊市場集中規制のうち，会社の合併規制，共同新設分割・吸収分割規制，共同株式移転規制および事業等の譲受け規制では，それ自体により一定の取引分野における競争を実質的に制限することとなるかが問われる．
> 　他方，株式保有，役員兼任では，まず，それにより当事会社間の関係＝結合関係が形成・維持・強化されるか否かが問われ，そののち，当事会社による一定の取引分野における競争の実質的制限が問題となる（二段構えの判断）．
> ＊＊＊市場集中規制における競争の実質的制限の判断には，市場構造の変化が重視される．公正取引委員会は，会社による株式保有，会社の合併，共同新設分割・吸収分割，共同株式移転，事業等の譲受け，会社の役員の兼任および会社以外の者による株式保有の規制について，「企業結合審査に関する独占禁止法の運用指針（企業結合ガイドライン）」（最新版は，平成23年6月14日）を公表している．

3　規制の理由

上述の様々なタイプの企業結合規制基準は共通している．したがって企業結合により，一定の取引分野における競争を実質的に制限することとなる場合に，かかる企業結合は禁止される．

企業結合が禁止されるのは，合併のように一つの会社が消滅したり，あるいは会社が他の会社の株式の保有を通じて会社間の意思決定が統一的になることで，市場における会社の数が実質的に減少し，市場構造が非競争的に変化する

ことによって，一定の取引分野における競争が実質的に制限されることになるからである．

以下，各行為類型の概要を眺める．

(1) 会社・その他の者による株式取得・所有（10条，14条）

今日の経済社会における事業活動の中心的主体は株式会社である．株式会社は，証券市場をはじめとして広く資金を調達できるから大企業の経営に適している．それ自体が資本集中の制度といえる．また，株式会社では社員（＝株主）の地位が株式に分割され，それが証券市場で取引される．さらに，株主の分散により，株式をわずかしか所有していなくても当該会社の事業活動に影響を与えることができる．すなわち，特定の株式会社が他の株式会社の株式を所有することにより，その会社の事業活動に影響を与えることを通じて市場支配的地位を形成することができる．これは，会社以外の社団，財団，個人による株式の取得・所有でも可能である．

(2) 会社の合併（15条）

企業の成長には，新技術を開発して新製品を販売したり，広告宣伝活動を通じて販路を拡大したりする「内部成長」と，既存の会社を合併して成長する「外部成長」がある．

外部成長は，既存の会社の技術，従業員，販路などを引き継ぐものであるので，内部成長よりも容易に成長できる．しかし，合併により一つ以上の会社が消滅することになるので，市場における競争に大きな影響を与えることになるので，規制することになる．

(3) 共同新設分割・吸収分割（15条の2）

会社の分割には「新設分割」と「吸収分割」の二種がある．前者は，会社がその営業の全部または一部を，新設会社に承継させるための分割であり（会社法762条以下），後者は既存会社に承継させるための分割である（同757条以下）．

複数の会社が共同で会社を新設し，それぞれの営業の全部または一部を新設会社に承継させるための分割が「共同新設分割」である．これは，その新設会社の営業部門が市場で支配的地位を占めることもあり，また吸収分割では，既存会社が他の会社の営業部門を承継することから，その営業部門が市場支配的

地位を占めることもあるので，これを規制することになる．

(4) 共同株式移転 (15条の3)

これは，二つ以上の会社が共同して持株会社を設立し，それぞれの会社がその持株会社の子会社になるために，自社の株式を持株会社に移転することである．

形式的には，この持株会社による他の会社の株式の取得になるが，独占禁止法10条の規定による事前届出をしようとしても，その時点では持株会社が設立されていないので，処理手続を進められない．それで，別途，共同株式移転として規制するものである．

(5) 事業等の譲受け (16条)

会社は，他の会社の事業の譲受け，事業上の固定資産の譲受け，事業の賃借，事業の経営の受任または事業上の損益共通契約の締結により，事業活動の意思決定を他社に及ぼすことができる．その際，当該会社が市場において有力な地位にあるなら，市場支配的地位を占めることができる．そのための規制である．

(6) 会社役員の兼任 (13条)

会社の重要な意思決定は，役員によって行われるので，相互に競争関係にある会社の役員を兼ねていると，市場での競争を避けるようになりがちである．その結果，当該会社の市場シェアが高い場合には，市場支配力を行使することができるようになるので，これを規制するのである．

4　事前届出制——企業結合計画の事前届出の必要性

企業結合については，公正取引委員会が事前審査して，独占禁止法上問題がないことを確認する手法を採用している．それは，結合後，事実上元に戻せないもの（例：会社の合併）や，取引の安定性から元に戻すのが好ましくないもの（例：株式取得）があるからである．他方，形式的には企業結合であっても，例えば組織変更のためだけの会社の合併は，市場への影響は軽微なものである．これは独占禁止法上問題とはならない．

そこで，独占禁止法上審査を要するものと要しないものとを区分けして，企業結合規制のうち，会社の役員の兼任および会社以外の者による株式の保有の

規制以外の会社の合併，事業等の譲受けなどは，企業結合計画を公正取引委員会へ届け出る事前届出制度を定めた．

(1) 会社による他の会社の株式の取得（10条2項）

届出義務発生要件は，① 国内売上高の合計額が200億円超の株式取得会社が，国内売上高が50億円超の株式発行会社議決権の保有比率が20％超となる場合，または50％超となる場合である．② 国内売上高の合計額の算定は，株式取得会社のみではなく，独占禁止法10条2項に定められている「企業結合集団」に属する会社の国内売上高の合計額による．

> ＊企業結合集団は，株式取得会社およびその子会社ならびに親会社およびその親会社の子会社から成る．
> ＊＊株式発行会社についての国内売上高50億円超とは，これもその会社とその会社の子会社の国内売上高の合計額をいう．
> ＊＊＊企業結合集団に属する会社間の株式取得であれば，届出は不要である．

(2) 会社の合併（15条2項）

合併会社のいずれか一つの会社の国内売上高合計額が200億円超であり，かつ，他のいずれか一つの会社の国内売上高合計額が50億円超の場合，届出が必要となる．

> ＊すべての合併会社が同一の企業結合集団に属する場合には，届出不要である．

(3) 共同新設分割・吸収分割（15条の2第2項，第3項）

共同新設分割または，吸収分割による事業承継の形式には，他社の事業を全部承継するもの，事業の重要部分を承継するものがある．

届出は，次のような組み合わせにより義務づけられる．なお，すべての会社が同一の企業結合集団に属する場合は，届出は不要である．

共同新設分割

国内売上高		国内売上高	
全部承継会社	200億円超	全部承継会社	50億円超
全部承継会社	200億円超	重要部分承継会社	30億円超
全部承継会社	50億円超	重要部分承継会社	100億円超
重要部分承継会社	100億円超	重要部分承継会社	30億円超

吸収分割

国内売上高		国内売上高	
全部承継会社	200億円超	分割事業承継会社	50億円超
全部承継会社	50億円超	分割事業承継会社	200億円超
重要部分承継会社	100億円超	分割事業承継会社	50億円超
重要部分承継会社	30億円超	分割事業承継会社	200億円超

(4) 共同株式移転（15条の3第2項）

株式移転は，完全親会社となる株式会社を新設して，既存の株式会社の株主の有する全株式を完全親会社に移転することである．共同株式移転は，既存の2以上の会社を一つの持株会社のもとに経営統合するために用いられる．

新設される会社が当事会社の株式の全部を取得するものであるから，合併と同じ強固な結合関係をもたらすものといえるので，規制され届出が必要となる．

いずれかの会社の国内売上高合計額が200億円超であり，かつ，他のいずれかの会社の国内売上高合計額が50億円超の場合，届出が必要となる．

すべての会社が同一の企業結合集団に属する場合は，届出は不要である．

(5) 事業等の譲受け等（16条2項）

事業等の譲受け等のうち，国内売上高合計額が200億円超の会社が，① 国内売上高が30億円超の会社の事業を全部譲り受ける場合，および，② 国内売上高30億円超の会社の事業の重要部分または固定資産の全部を譲り受ける場合，届出が必要となる．

事業・固定資産の譲受け会社と譲渡会社が同一の企業結合集団に属する場合は，届出は不要である．

第2節　株式保有

1　事業支配力の過度集中規制

　株式保有規制の中で，9条と11条は一般集中規制として，経済全体をみたとき，特定の企業や企業グループに経済力が集中しないかどうかに注目して，規制を行っている（11条については後述）．

　9条では，他の国内の会社の株式を所有することによって事業支配力が過度に集中することとなる会社を設立することや，そのような会社になることを，規制している（同条1項，2項）．

　「事業支配力が過度に集中する」とは，次の三つのいずれかの場合であって，「国民経済に大きな影響を及ぼし，公正かつ自由な競争の促進の妨げとなること」をいう（同条3項）．

　第1が，株式所有を行う会社とその子会社・実質的子会社ら（会社グループ）が，相当の数の分野で事業を行っており，しかもその規模が著しく大きい場合である．公正取引委員会「事業支配力が過度に集中することとなる会社の考え方」によれば，会社グループの総資産が15兆円を超え，5つ以上の主要な事業分野のそれぞれにおいて3000億円を超える総資産を有する会社を有すれば，かかる場合に当たるとの考え方が示されている．例として，持株会社を頂点にし，大規模商社，鉄鋼，自動車，電機メーカー，不動産賃借の会社等の子会社を有して，企業集団を形成している場合である．

　第2が，支配される会社が，資金の貸付などを通じて，他の事業者に対する著しい影響力を持つ場合である．大規模な金融会社の株式を保有する場合に，これが問題となる．

　第3が，支配されている会社が，相互に関連性のある相当数の事業分野において，それぞれ有力な地位を占めている場合である．例として，自動車とその材料であるプラスティック，金属，ガラス等の企業グループや，電気製品とその材料の会社等が，株式保有を通じて一つの会社に支配され，しかも支配されている個々の会社が有力な場合である．

2　会社および会社以外の者の株式保有規制

　結合関係の認定において重要なのは，市場における競争単位の減少である．

したがって，当事会社間に「実質的一体化」が認められればいい．株式保有の場合，一方が他方を「支配」するような関係は必要なく，相手方ないし相互の事業活動に「相当な影響」を及ぼす関係があれば十分である．

10条，14条

10条の名宛人は「会社」である．同条は，会社が他の会社の株式を取得または所有することにより，市場支配力を形成することを規制する．会社には「外国会社」を含む．株式には，合名会社，合資会社，合同会社の持ち分を含む．「取得」とは株式を新たに所有する行為であり，所有とは継続的な所有状態を指す（取得と所有をあわせて「保有」と呼ぶ）．

所有をも規制の対象とするのは，株式取得時に独占禁止法上問題なしとされた場合であっても，事後の市場状況の変化により，その処分を命じ得ることを意味する．

14条の名宛人は，「会社以外の者」である．財団法人，会社以外の社団法人，特殊法人，地方公共団体，金庫，組合，個人等が考えられる（事業者である必要はない）．

> ＊ある個人がA会社とB会社の株式を保有することにより，A会社とB会社との間に結合関係が成立する場合と，事業者である「会社以外の者」Aが競争関係にあるB会社の株式を保有する場合が，規制の対象となる．

企業結合ガイドラインによれば，株式保有に基づく結合関係が認定できる場合として，①議決権保有比率が50％を超える場合，②議決権保有比率が20％を超え，かつ，議決権保有比率の順位が単独で第1位となる場合，が挙げられている．議決権保有比率については，株式所有会社が直接行使し得るもののほか，その子会社，関連会社等が行使し得るものも含むものと考えられる．

議決権保有比率が10％を超え，かつ，議決権保有比率の順位が第3位以内の場合には，議決権保有比率の程度および順位，株主間の議決権保有比率の格差，株主の分散状況，議決権相互保有の状況，役員兼任関係，取引関係等を考慮して結合関係を認定するとしている．

> ＊議決権相互保有の場合には，低い議決権比率により一体性を認定することができる．

企業結合手段により，当事会社間に一体性が生じるか否かを，実質的に判断

第5章　企業結合規制

することが必要である（一体性が認められれば，競争単位が減少したことになる）．

＊株式の取得・所有――審決例――
「日本楽器事件」（公取委昭和32年1月30日勧告審決・審決集8巻51頁）
（事実）

　ピアノ，オルガン，ハーモニカ等楽器類の製造販売を業とする日本楽器製造株式会社は，同社と競争関係にある河合楽器製作所の事業活動に影響を与える目的をもって，昭和31年2月以降，野村証券株式会社浜松支店に対し，あらかじめ資金を提供して河合楽器の株式の買集め方を依頼した．野村証券は右の依頼に応じ，同年7月下旬までに，河合楽器の株式51万5000株（発行済株式総数の24.5%）を買い集めた．日本楽器は世評をおもんぱかり，同月下旬，自己の原材料購入先である三谷伸銅株式会社に株式の引取り方を依頼し，増資割り当ての新株を含めて77万2500株を同社に取得させた．ところが三谷の右購入資金および増資割当新株の全額は，材料代の前渡金の名目で，日本楽器が送金したものであった．

（法令の適用）

　日本楽器は，自己と競争関係にある河合楽器の株式を間接的に所有しており，これによって，ピアノ，オルガン，ハーモニカの製造販売の分野における競争を実質的に制限することとなると認められるものであって，これは，独占禁止法10条の規定を免れる行為であり，同法17条の規定に違反するものである．

　本件は日本楽器による河合楽器株式の間接的な保有であるが，独占禁止法10条の株式保有は直接であれ間接であれ，その株式保有により事業支配が成立するか否かが重要である．日本楽器による河合楽器株式の保有は，第三者たる名義人を介するものではあるが，その所要資金は日本楽器が提供したものであり，したがって，日本楽器自身の計算によるものである．このように他人名義で自己の計算による株式保有を独占禁止法10条の適用範囲に含ませることについては学説上も異論はない．

　また，事業支配（ないし企業結合関係）を成立させる持株比率も問題となる．本件は24.5%の株式保有を違法とするが，排除措置として約14%を超える部分の処分を命じており，したがって約14%の株式保有は事業支配を成立させないと解しているようである．事業支配の成立については，個別・具体的に諸事情を総合的に判断するべきであろう．

3　銀行および保険会社の株式保有の制限

(1) 概要

銀行と保険会社は，国内の会社の議決権の総数の5％（保険会社は10％）を超えて株式を取得または保有してはならない（独禁法11条）．

この規定の趣旨は，銀行と保険会社が金融会社以外の一般の事業者に比べ，その事業の特性から巨大な資金力を抱えており，その資金力（金融力，すなわち融資による相手方に対する影響力）により，相手方の会社を支配することが容易であるから，これと相俟って株式の保有によって相手方を支配することを規制しようというものである．あわせて，銀行，保険会社を中心とした企業集団の形成などによる経済力の過度の集中に歯止めをかけようとするものである．

＊過去の歴史の中でも，金融資本による産業支配が指摘されており，それが経済全体の事業支配力の過度の集中を生んだ経緯がある．わが国でも，戦前の財閥は金融会社がその中核をなしていたし，それを引き継いだいわゆる六大企業集団も銀行等の金融会社を中心として，系列融資などを展開してきた．いずれも自由な経済活動を歪め，競争を制限し，あるいはそれのみならず社会的，政治的にも影響を与えることが懸念されてきたところである．

銀行，保険会社以外の金融業を営む会社が規制対象から外されたのは，これらが事業会社に対する融資を行わないものであること，信託会社については，そのすべてが銀行との兼業となっていること，そして証券会社については，証券市場が整備されており，現在，証券会社が引受業務により企業に大きな影響を及ぼす可能性は少ないものと考えられていることなどが，理由である．

＊無尽会社については，物品給付型無尽会社が1社存在するだけである．証券会社の株式保有は多くなく，証券会社が資金を募ることはあっても，その規模・範囲は小さいものと考えられる．これらの議決権保有に関しては，独占禁止法10条だけが適用される．

＊＊銀行または保険会社が保有等を制限される「他の国内の会社」とは，「銀行業または保険業を営む会社その他公正取引委員会規則で定める会社を除く」とされる（独占禁止法10条3項かっこ書き）．

(2) 独禁法11条の例外

銀行，保険会社の事業の性格上または債権保全の一環として，かかる制限を超えて議決権を保有等する必要がある場合や，事業支配力の過度の集中等をも

たらすおそれのない場合には，11条による規制は及ばない．次の場合が該当する．

① 公正取引委員会規則で定めるところによりあらかじめ公正取引委員会の認可を受けた場合（11条1項但書前段）
② 銀行と保険会社が業務として株式を取得する場合（同項1号〜5号）
③ 「他の国内の会社の事業活動を拘束するおそれがない場合として公正取引委員会規則で定める場合」（同項6号）

第3節　役員兼任

13条は役員兼任について規定する．13条の名宛人は「会社の役員又は従業員」である．「役員」とは，独占禁止法2条3項より，「理事，取締役，執行役，業務を執行する無限責任社員，監事若しくは監査役若しくはこれらに準ずる者，支配人又は本店若しくは支店の営業の主任者」である．

　＊「これらに準ずる者」：相談役，顧問，参与等の名称で，会社経営に実際に参画している者

「従業員」とは，「継続して会社の業務に従事する者であって，役員以外の者」である（独禁法13条1項かっこ書き）．出向者は従業員に含まれる．

13条の規制対象は「会社の役員又は従業員」が「他の会社の役員」を兼任する場合であり一方的な役員派遣は規制対象外となる．会社の従業員が他の会社の従業員を兼任する場合も規制対象外となる．

企業結合ガイドラインによれば，役員兼任による結合関係の認定については，第1に，兼任当事会社のうちの1社の役員総数に占める他の当事会社の役員または従業員の割合が過半である場合，第2に，兼任する役員が双方に代表権を有する場合がある．

　＊これら以外の場合には，常勤または代表権のある取締役による兼任であるか否か，兼任当事会社のうちの1社の役員総数に占める他の当事会社の役員または従業員の割合，兼任当事会社間の議決権保有状況，兼任当事会社間の取引関係，業務提携等の関係を考慮して，結合関係を認定する．
　＊＊ガイドラインにみる，役員兼任に基づく結合関係が認められない場合
　　第1に，代表権のない者のみによる兼任であって，兼任当事会社のいずれにおい

ても役員総数に占める他の当事会社の役員または従業員の割合が10％以下の場合．第２に，議決権保有比率が10％以下の会社間における常勤取締役でない者のみによる兼任であって，兼任当事会社のいずれにおいても役員総数に占める他の当事会社の役員または従業員の割合が25％以下の場合．
***「広島電鉄事件」にみられるように，役員兼任は株式保有を前提とすることが多い．

　10条単独または13条単独では，結合関係を認定することができないが，両者を併せれば結合関係を認定できる場合には，株式保有，役員兼任それぞれの条件関係は存在するのであるから，結合との因果関係を認め，10条および13条を重畳的に適用することを考えればいい．あるいはいずれかを個別に適用してもいい．公正取引委員会の立場としては，10条単独の適用を検討するようである．

*役員兼任――審決例――
「広島電鉄(株)事件」（公取委昭和48年７月17日同意審決・審決集20巻62頁）
（事実）
　広島市内において軌道および乗合バスによる旅客運送は，広島電鉄(株)と広島バス(株)によって，おおむね行われていた．広島電鉄は，地方鉄道業，軌道業，一般乗合旅客自動車運送業（いわゆる乗合バス事業），一般貸切旅客自動車運送業（いわゆる貸切バス事業）を営んでいた．広島バスは乗合バス事業と貸切バス事業を営んでいた．
　広島市内の主要な地域において，両社の軌道および乗合バスの路線の競合があった．かかる状況の下，広島電鉄は広島バスの役員等３名からの広島バスの株式譲渡の申出を受け，同社の発行済株式総数13万株中の約85％に当たる11万株を取得し，それに基づき自社の役員および従業員４名を広島バスの取締役，監査役として送り込んだ．これら４名は広島電鉄の役員，従業員としての地位も有する兼任の形をとっていた．
　これが独占禁止法10条１項前段および13条１項違反の問擬を受け，審判手続開始後，広島電鉄の申出により，同意審決が下された．

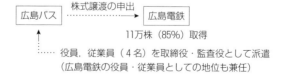

（審決）
　広島電鉄が広島バスの株式を取得し，その役員，従業員が広島バスの役員を兼任していることは，いずれも広島市内の主要な地域における軌道および乗合バスによ

る旅客運送分野の競争を実質的に制限することとなるものであって，広島電鉄は独占禁止法10条1項前段，兼任役員は13条1項の規定に違反する．

　排除措置として，広島電鉄が獲得した株式中8万5000株の処分，兼任役員の辞任が命じられた．

　本件は政府規制産業である運輸産業についての事案で，規制産業における独占禁止法の適用をどのように解するかの問題もある．つまり企業の側で自由に路線などを決めることができない要素もあり，一般論としては別に，具体的規制を図るうえでの困難があるからである．

第4節　合　併　規　制

1　合併の制限

概要

　独占禁止法15条1項により「合併によって一定の取引分野における競争を実質的に制限することとなる場合」（1号），および「合併が不公正な取引方法によるものである場合」（2号）には，当該合併をしてはならない．

　合併は，「固い結合」の究極的な形態である．合併当事会社は形式的にも実質的にも統合され，単一の会社となる．したがって，株式保有規制の場合と異なり，当該合併によって「固い結合」ないし「競争への影響」をみるべき企業結合が生じるかどうかの判断は不要である．

　合併が「競争の実質的制限」をもたらすかどうかの判断については，基本的には株式保有制限の場合と同様の判断基準*による．ただ，合併の方が株式保有よりも固い結合であることから，より厳格な判断となるべきである．

　　＊判断基準　①当事会社の地位（当事会社の市場占有率，当事会社の市場順位，当事会社間の競争状況，競争への影響），②市場の状況（競争者の数，集中度，参入の容易性，輸入の状況，取引関係による閉鎖性・排他性），③当事会社の総合的事業能力

　会社の合併は，法律上も実際上も，複数の企業が組織的に融合し一体化するものである．企業結合の中でも最も結合度の高い形態であり，企業結合の重要な手段として規制の対象とされる．

　　＊カルテルは部分的，一時的な緩い企業結合であるのに対し，合併は，全面的，継続的な固い結合である．

15条1項2号の不公正な取引方法による合併とは，例えば，不当な高価によって相手会社の株式を買い占め，合併を強制する場合や，相手会社の役員または株主に不当な圧力をかけて，合併を強制する場合などで，不当な手段によって行われることを禁止するものであり，ここでは，当該合併の実現手段が不当であることをとらえて，当該合併を禁止する．

その他，不当な低価格販売により，合併を予定している会社の事業経営を行き詰まらせたうえで，合併を申し出，それを承諾させる場合や，優越的地位を利用して，自社の下請け会社に不利な条件を押し付けて，自己と合併せざるを得ない状況に追い込む場合が考えられる．

もっとも，実際例はない．基本的にいずれの場合も，独占禁止法19条で対処できるのではないか．

同条項1号の場合における合併の禁止は，当該合併によって市場構造が競争制限的になるのを防ぎ，市場構造を競争的に維持することを目的とする．

合併規制の経済的根拠について，会社の合併は，当事会社の目的という点からみれば，規模の拡大，新規分野への進出，不振会社の救済などがある．合併はカルテルと違って競争制限だけを目的とするものではなく，それ自体で競争制限的な行為であるということはできない．また，合併は，規模の拡大によって効率を向上することもある．しかし，合併による規模の拡大は，内部的拡大の場合とは異なり，市場のテストを受けたものではなく，その経済的合理性も不確かなものである．また実際上も，経済力の集中を促進する大きな要因となっており，理論的にも，合併により寡占的な協調が促進されることが多い．今日，寡占的な市場構造を形成・強化するような大型合併の規制が重要な課題である．

2 合併の形態

当該企業の相互関係から分類される．

(1) 水平的合併

同種の商品若しくはサービスを供給し，同一市場で競争関係にある会社間の合併をいう．

この合併は，単純に競争状態を消滅させるので競争制限的効果は大きく，被合併会社の市場占有率を単純に加算することで合併会社の市場支配状況を測定

することができる．

(2) 垂直的合併

製造業者と卸売業者および小売業者間の合併のように，取引段階を異にする企業間の合併をいう．この合併は，競争関係にない企業間で行われるので，合併の結果，直接的に市場支配力を形成することはないが，商品の流通経路が短縮されることに伴う効率性の増大などにより事業能力が強化・拡大される可能性がある．この合併によって参入障壁が増大し，結果的に寡占的市場力（oligopolistic market power）が強化される場合もあり得る．

(3) コングロマリット

水平的合併および垂直的合併のいずれにも属さない合併の総称をいう．競争関係にも取引関係にもない会社間の合併である．これには次のような型がある．

(a) 市場拡大型コングロマリット……同種の商品もしくはサービスを扱っているが，地理的市場が異なるため現在は競争関係にない企業間の合併で，この合併を通じて市場を拡大することを企図している．本質的には水平的合併に準ずる性質を有する．

(b) 商品拡大型コングロマリット……扱っている商品もしくはサービスが同種ではないため直接的には競争関係にないが，生産または流通において機能的に関連する代替性または関連性のある商品を扱っている会社間の合併である．

(c) 純粋型コングロマリット……合併会社間に経済的関連性がない狭義のコングロマリットをいう．

＊コングロマリット実施のメリット
　(i) 営業品目毎に売上高を計算して公表することをしないので，企業全体の市場占有率の計算ができず，独占禁止法の規制を免れ得ること．
　(ii) 有利な市場で得た利益を以て不利益な市場を補強することができる（いわゆる「余裕財源の理論（deep pocket theory）」を活用できる）．
　(iii) 規模の巨大性のゆえに小企業から競争を挑まれることがなくなり，大企業間では非価格競争や製品差別化による相互依存関係が形成されること．
　(iv) 他の大企業との間には互恵関係（お互いの商品を有利に取引することを約束すること）が成立すること．

3　合併の方式
次の二つの方式がある．

(1)　吸収合併
優劣関係にある企業間の合併方式．一方の企業が他方を完全に吸収してしまい（存続会社），被吸収会社は姿を消すことになる（消滅会社）．

(2)　新設合併（対等合併）
力関係がほぼ対等な企業間で行われる合併．被合併会社の営業財産を合体して新しい会社を設立するもので，これにより被合併会社は実質的に姿を消すことになる（既存会社はいずれも消滅する）．

4　規制手続
　合併しようとする会社のうち，一定規模以上の会社は，事前に合併の計画を公正取引委員会に届け出ることが義務づけられ，かつ届出受理の日から原則として30日間は合併してはならない（15条3項・10条9項：「待機期間」）．ただし，公正取引委員会は必要があると認めるときは，この期間を短縮することができる．

　ここでの一定規模以上の会社とは，合併当事会社のうち，「いずれか1の会社に係る国内売上高合計額が200億円を超え，かつ，他のいずれか1の会社に係る国内売上高合計額が50億円を超える」ときに限定される（15条2項本文）．ただし，すべての合併会社が同一の企業結合集団に属する場合には，この届出は必要ない（15条2項但書）．

　公正取引委員会は15条1項に違反すると判断した場合，原則としてこの待機期間内に，違反する行為を排除するために必要な措置をとらなければならない（17条の2第1項）．ただし，この期間は，合併当事会社に対し，報告等の提出を求めた場合は，届出受理の日から120日を経過した日と，すべての報告等を受理した日から90日を経過した日のいずれか遅い日までの期間に延長される（15条3項・10条9項：「措置期間」）．同期間内に「競争を実質的に制限することとなる」と判断された場合には，独占禁止法49条に基づく排除措置命令案に係る弁明手続を開始する旨の通知がなされる（15条3項・10条9項）．

　合併に関する計画について当事会社が独占禁止法上の問題点を解消する措置

を期限内に履行しない場合には，その期限から1年以内に限り通知を行うことができる（15条3項・10条10項）．

なお，合併の届出内容について重要事項に関する虚偽の記載があった場合には，審査期間の制約はない（15条3項・10条9項2号）．

審査期間の延長や審査期間内の通知にかかわらず，待機期間が経過すれば合併は可能である．待機期間を超えて合併を行わせないためには，公正取引委員会は東京高裁に対して緊急停止命令の申立をする必要がある（70条の4）．

* 新日本製鐵と住友金属の合併（2011年5月31日合併計画届出，同年12月14日承認，2012年10月1日合併「新日鉄住金成立」）
- 公正取引委員会は，合併する2社において競合する商品と役務について，約30の取引分野を画定し競争への影響を検討したところ，「無方向性電磁鋼板」と「高圧ガス導管エンジニアリング業務」の取引分野において，違法のおそれがあると判断し，その旨を2社に伝えたところ，2社から問題解消措置の申し出がなされた．問題の2分野のうち前者について検討する．

◎無方向性電磁鋼板
- 一定の取引分野：無方向性電磁鋼板は，モーターなどの鉄芯に用いられる鋼板である．板厚や鉄損値によって様々な規格があり，規格間における需要の代替性は低いものの，供給の代替性が認められることから，無方向性電磁鋼板をもって商品範囲が画定された．地理的範囲は日本全国とされた．アジアの製造業者から無方向性電磁鋼板を調達する事業者も存在するが，公正取引委員会が行った国内ユーザーへのアンケート調査の結果，その他の事情を考慮して，東アジアで市場画定することは見送られた．
- セーフハーバー（違反とならない安全値）：合併会社の市場占有率は約55％（新日鉄が約40％，住友金属が約15％）で，他に約40％の競争者が1社あり，残りの約5％が輸入である．合併後のHHIは約4625（55^2+40^2）で，HHIの増分は約1200（$2\times 40\times 15$）となり，水平型結合のセーフハーバー基準に該当しないため，詳細な検討にはいった．
  注）ハーフィンダール・ハーシュマン指数（HHI）は市場集中度にかかる指標の一つであり，すべての市場参加者につき市場占有率を二乗した値を，合計したものである．理論上，0（完全競争市場）から10,000（独占市場）の間の値をとる．
- 単独行動による競争の実質的制限：公正取引委員会は，諸事情を考慮し，本件合併により，「高グレード製品において顕著に」，「単独で価格等をある程度自由に左右することができる状態が」容易に現出し得ることから，競争を実質的に制限することとなると判断した．考慮された事情は，①市場占有率40％の有力な競

争事業者が存在するものの，十分な供給余力はない状況なので，合併会社が価格を引き上げた場合に供給量を十分に増やすことが難しいと考えられること，②高グレード製品については輸入圧力が認められず，低グレード製品についても輸入圧力が強いとはいえないこと，および③「国内ユーザーにとって調達先メーカーの変更は容易ではなく，需要者からの競争圧力も認められない」ことである．

- 協調的行動による競争の実質的制限：公正取引委員会は，諸事情を考慮し，本件合併により「高グレードの製品において顕著に」，合併会社とその競争事業者が協調的行動をとることにより，「価格等をある程度自由に左右することができる状態が容易に現出し得ることから」，競争を実質的に制限することとなると判断した．考慮された事情は，① 本件合併により事業者数が3社から2社に減少し，合併前より協調的行動を取りやすくなること，② 合併後は，生産基盤や価格戦略などにおいて同質的な2社が市場を二分することになり，互いの行動を高い確度で予測することができるようになると考えられること，および③ 高グレード製品については輸入圧力がなく，低グレード製品についても輸入圧力が強くなく，需要者からの競争圧力も認められないことである．

- 問題解消措置：当事会社が申し出た措置は，① 合併後5年間，住友商事に，国内ユーザー向けに住友金属が販売している全グレードの製品を，住友金属の直近5年間における国内年間販売数量を上限として，合併会社の無方向性電磁鋼板のフルコストをベースとして計算した平均生産費用に相当する価格で供給すること，② 住友商事に対して，住友金属の国内ユーザー向けの商権を譲渡し，技術サポートを行うこと，などである．これは，5年間に限定して，住友商事が合併会社の競争相手になれるようにするものである．

- 問題解消措置に対する評価：公正取引委員会は，合併から5年を経過した後であれば，高グレード製品を含めて輸入圧力が働く蓋然性は高いと判断し，そこから，競争の実質的制限が永続するとは予想されず，問題解消措置は恒久的なものである必要はないとした．そのうえで，コストベースの取引権が妥当な条件により設定されれば，適切な措置となりうると判断した．また，住友商事は，無方向性電磁鋼板を製造していないが販売能力については支障がなく，合併会社との関係でも，合併会社と住友商事が互いに持ち合う株式の議決権保有比率はそれぞれ数％となる予定で，役員兼任もないので，独立した事業者であるとして，新規参入者として合併会社に対する「有効な牽制力となり得る」と判断した．

第5章　企業結合規制

〈企業結合審査のフローチャート〉

（出典）　公正取引委員会ホームページ「企業結合審査に関する独占禁止法の運用指針」より抜粋．

第6章　不当な取引制限の禁止

第1節　不当な取引制限（カルテル）とは

　独占禁止法2条6項は，不当な取引制限について定義規定を置き，同3条後段でこれを禁止している．わが国の独占禁止法では，不当な取引制限という用語を用いているが，カルテルと同じ意味内容である（ドイツ法では，独占禁止法＝競争制限禁止法を称してカルテル法と呼ぶ．アメリカ反トラスト法では，カルテルという用語は使わず，不当な取引制限を用いる．わが国の独占禁止法の用語は，これに由来する）．

　カルテルとは，複数の事業者が事業活動における共通の利益のために行う共同行為のうち，競争制限的な目的を有するものをいう．

　不当な取引制限が，まさにその典型的な場合であるが，事業者団体の行為として行われる場合には，事業者団体に対する活動規制の対象となる（独禁法8条1号参照）．いずれにせよ複数の事業者による市場支配をめざす点に，その特徴がある（したがって，単独の事業者によっても行われる私的独占とは異なる）．

　カルテルには，価格カルテル（価格の一斉値上げ等），数量カルテル（生産数量制限等），市場地域分割カルテルなどのいろいろな類型がある．

　カルテルの悪性についてみると，協定により結合体が形成されると，協定参加者の競争行動の自由を制約し，競争条件を直接に阻害するばかりか，市場全体の競争の機能も阻害される．したがって，カルテルの禁止は，競争条件維持のために不可欠である．カルテルは，競争制限行為の中でも，その競争阻害性が最も明白であるが，さらにカルテルは，事業者の競争回避による利潤の共同極大化のための，最も安易な手段であり，実際にも多くみられる競争制限行為である．

　カルテルは，社会的，倫理的にみても，強く非難されるべき行為である．カ

ルテルは，買い手に高価格を押し付け，超過利潤を奪い取ることを目的としており，その点でも十分非難に値するが，さらにカルテルは，参加者に隠れて共謀し，このような行為を行うところにも悪性がある．見かけは公正な競争を装いながら，実際には話し合いで決めた価格を押し付ける点が問題である．またカルテルは，多数人の結合により単独では行い得ない行為が可能となり，違法な力の形成をうみ，参加者相互の刺激によりさらに行為の悪性が高まってくる．このように，カルテルのもたらす弊害には著しいものがあり，厳格な規制，すなわち禁止措置がとられることになっている．この点は，各国に共通している．

カルテルが実施された場合の効率性の点でみると，短期的にみた場合，カルテルは協定によって独占的な結合体を形成し，産出量を制限し，価格を独占的水準に設定する．また長期的にも，効率の阻害を伴う．つまり資源の効率的な利用についての社会的損失の問題である．資源の適正配分を妨げ（資源の過剰割り当て），カルテルによる保護に安住し，効率性向上への経済的誘因を欠くので，効率の達成も妨げられる．

第2節　カルテルの発生原因とその弊害

カルテルの発生原因は，資本主義の発展過程の中に見出すことができる．18世紀イギリスに端を発する産業革命を経験した事業者は，機械の導入による大量生産方式を採用して大量に製品を生産することが可能となった．しかし，供給量の増加ほどに需要の方は急速にはのびなかったので，生産者側の販売競争が激化することとなった．この販売競争は，原材料部門のように事業者の製品に品質的な差がない場合，いきおい値下げ競争となる．そして，この価格競争の過度の展開は，各事業者に原価以下での販売を余儀なくさせ，共倒れに対する危機感をつのらせるところとなる．結果，最終的には競争回避のための話し合いの必要を痛感させることになるのである．

歴史的にみて，カルテルは「不況の子（Kinder der Not）」と呼ばれるが，それは不況に直面した事業者は価格競争の激化を避け，一次休戦を望むようになるからである（カルテルとは軍事用語で，「一次休戦」の意味もある）．しかし，競争回避により身の安全を確保した事業者は，好況に転じてもなおこの便利な方法を捨てようとはしなくなる．したがって，カルテルによって景気の回復は一層先送りされることになる．

カルテル発生の直接の原因が不況に求められるとともに，資本主義体制の核心である「利潤の追求」にカルテルが最も安易に応える手段であるということもわかる．

それでは，事業者がカルテルに走るその利点はどこにあるのか？　かつてドイツと日本は国策としてカルテルを助長してきた経緯がある．その利点は，まず① 価格カルテルにより参加事業者の製品の価格を安定させるために安定した利潤が得られ，計画的な生産を可能にする．そして経済恐慌の発生を予防できる．② 資本や原料の浪費を避け，経営を安定させることで企業の発展のための資本的蓄積を容易にする．③ 無駄な宣伝広告費用の出資を止め，過剰生産が回避されるので，資源の浪費を回避できる．

これらは，カルテルが「過当競争」を排除し，産業の合理化に役立ち，不況を脱するのに貢献し得るものと信じられてきた．しかし，これらはいずれも根本的には，競争秩序の維持に真正面から対立するものである．

カルテルの弊害については次のような点が指摘される．

① カルテル協定の目的は参加事業者の共存を図ることである．それで目標とされる価格は最も非効率的な事業者の生産コストを基準として決定される．カルテルによる価格は市場の価格メカニズムを無視して人為的に決定され，下がるべき価格が下がらなくなり一般消費者に不利益を与えるだけでなく，非効率的な事業者を温存させることで，資源の最適配分のルールに反する．

② 価格カルテルが行われると，競争が行われているときに比べ価格が引き上げられ，または下がるべき価格が下がらないことになり，需要者が大きな被害を受け，所得の配分が適正さを欠くことになる．カルテルによる価格上昇を他に転嫁することが著しく困難または不可能な中小企業や農林魚業者，消費者が需要者である場合には，その受ける不利益は極めて顕著である．このことは，生産・販売数量を制限するカルテルの場合も同様で，これによる需給関係の変化によって価格形成に悪影響がもたらされることになる．

③ 自由経済の運営は，価格が上昇すれば生産を増加し，価格が低落すれば生産を抑えることによって適正な需給関係が形成され，資源の適正配分が実現されるメカニズムを通して行われるが，このような機能を果たすべき価格形成がカルテルによって歪められてしまう．

④ カルテル参加者の基本的な期待は「現状維持」にあるので，事業者間で技術開発のための努力が行われなくなる．経済の成長・発展は，個々の事業者

が創意工夫を発揮して，新技術，新製品の開発を重ねることによって達成されるが，その源泉となる事業者間の競争がカルテルによって妨げられてしまう．

⑤ カルテル協定は参加事業者だけでなく，その取引先にも影響を与えるので（自己防衛のためのカルテル締結），経済全体の活力が喪失する．つまり，カルテル参加事業者は，カルテルにより市場価格を自己に有利になるように人為的に操作し，取引の相手方に不利益を与えることになる．これを放置すると，カルテルによって不利益を受けた事業者は，それを自己の取引の相手方に転嫁しようとして，さらにカルテルを行うようになる．こうして市場全体にカルテルが蔓延するようになる．

⑥ カルテルは事業者数の少ない原材料部門（川上産業）では容易に形成されるが，多数の中小企業から成る加工部門（川下産業）では形成しにくい．それで製造業部門では，高い価格による高い利益が保障されるのに対し，加工・販売部門では価格競争による低価格によって低収入となり，「原料高の製品安」という現象を生じ，社会的に所得の公正な分配を妨げることになる．

⑦ カルテルは生成発展の途上にある産業の場合は，カルテルを考える必要がないが，衰退的な産業ではカルテルが行われることが多い．その場合，その産業に資本，労働，資源などが必要以上に温存されることになり，経済全体としての資源の最適配分が妨げられる．

⑧ カルテル助長策がとられることで，非カルテル参加者（アウトサイダー）や取引相手との間の利害調整のために政府が経済活動に直接介入することになり，統制経済に道を開くことになる．

＊戦前・戦中の日本ではかかる（統制）経済政策がとられた．わが国におけるカルテルの歴史は，明治13年の製紙所連合，同15年の紡績連合会の成立にさかのぼるといわれるが，法律上はカルテルを禁止も許容もしていなかった．世界最初の強制カルテル法といわれるのが大正14年の輸出組合法であり，カルテル助長法としての性格が最も色濃く出ているのが昭和6年の重要産業統制法であった．第一次世界大戦後の大恐慌に対処するための措置としてカルテル助長策がとられたのであるが，戦時経済対策としての色合いも内在していた．

第3節　カルテルの形態

カルテルは，複数の事業者間の合意を基本的要素とする共同行為形態である．

それゆえ，内容的には極めて多様であり，これを形態別に分類することは困難である．以下の分類は，合意の対象からの分類である．

① 価格カルテル

カルテル参加事業者が一定の商品およびサービスの対価を決定し，維持し，引き上げることを協定することにより利潤の確保および増大を企図するものである．これは，最も一般的で最も効果的な競争制限方法である．この価格には，商品の対価以外に，輸入品の通貨換算レート，リベート，銀行金利，入札価格なども含まれる．最低価格を協定するのが一般的であるが，最高価格，標準価格，推奨価格，希望価格などを決める場合もある．

② 数量制限カルテル

労働時間の短縮，休日制の採用などにより生産量および販売量を制限するカルテルである．これは，参加事業者の利害対立が顕著であり，強力な監視体制を設置するなどの対応をしない限り，成立が困難なものである．

③ 設備制限カルテル

工場の閉鎖や機械の封緘（ふうかん）などにより生産設備を制限する場合と，工場の新設や機械・装置の新規購入を制限する設備投資制限カルテルがある．

④ 販路カルテル

カルテル参加者が取引の相手方，地域などを決定し，競争を回避することを企図したものである．顧客保障カルテル，地域制限（市場分割）カルテルなどがある．

⑤ 特許カルテル

生産技術に関して特許を有する事業者が参加し，それぞれ相互に供出してプールし，プールされた特許権を自由に利用することを認めるもので，パテント・プール（patent pool）とも呼ばれる．これは直ちにカルテルとして違法性があるとはいえないが，参加者以外の者に特許権の利用を認めない点で閉鎖的であり，違法性の強いものである．

⑥ 製品制限カルテル

カルテル参加者が統一した規格の製品を生産する協定で，規格統一（標準）カルテルと呼ばれるものと，参加事業者が特定の品種の製品のみを生産する専門化カルテルとがある．これらは合理化に役立つ面もあるが，製品の技術改革を妨げるなどの弊害もあり，さらに価格維持の手段として用いられることもあ

る．ここに競争制限的効果がある．

⑦ 割当カルテル

全生産量を決定し，これを参加者間に分配する供給分配カルテルや総収益高を決定し，一定の比率で参加者間に割当をする割当カルテルである．このようなカルテルを実行するためには参加者とは別に中央機関が必要となり，その機関による支配関係が確立していることが望ましく，高級カルテルとも呼ばれている．

⑧ シンジケート

カルテルの特別の形態で，参加者の生産した全製品を共同販売機構を通じて販売するものである．この共同販売機構が会社形態をとる場合もあり，この場合，参加者の共同出資によって設立される．共同販売機構は参加者の生産した製品を委託販売する場合と，買取方式による場合とがあり，後者の場合は，参加者は単に一つの生産部門として完全に支配されることとなり，その実態はトラスト形態に近いものとなる．

> ＊トラスト（trust）：事業者間の競争による不利益を除き，市場を独占し，独占的価格を設定して一層多くの利潤を得ることを目的として，同一種類の産業部門における参加事業者がその商業・生産・法律上の独立性を失い，カルテルには存在しない資本的支配関係を通じて，より強固な独占体に統合することを指す．
> トラストを形成する方法：(i)参加事業者の株式が受託者に受託され，営業の全権が受託者に委任される．(ii)持株会社をつくり，それが参加事業者の株式の過半数を買収する．(iii)数事業者が合同して新会社をつくる．

⑨ 紳士協定

特に合意事項について文書や協定書などを交換せず暗黙の了解や口約束にとどめ，約束違反に対する罰則などの取り決めもなく，参加者はあくまで紳士として名誉と面目にかけて，これを遵守することが期待されているので，この呼び名がある．

第4節　不当な取引制限の要件

独占禁止法2条6項では，「事業者が，契約，協定その他何らの名義を以てするかを問わず，他の事業者と共同して対価を決定し，維持し，若しくは引き

上げ，又は数量，技術，製品，設備若しくは取引の相手方を制限する等相互にその事業活動を拘束し，又は遂行することにより，公共の利益に反して，一定の取引分野における競争を実質的に制限することをいう」と定義している．

不当な取引制限の効果は「一定の取引分野における競争を実質的に制限すること」であり，私的独占と同一であるが，両者の違いは，私的独占が「事業者が他の事業者の事業活動を排除し又は支配する」行為であるのに対し，不当な取引制限は「事業者が他の事業者と共同して行う」行為であるように，行為の主体と行為の態様にある．

1　行 為 類 型――相互拘束と共同遂行

定義規定より行為類型をとりあげると，「他の事業者と共同して……相互に……拘束し，又は遂行すること」の部分が該当する．すなわち，不当な取引制限が成立するためには，事業者間の事業活動について「相互拘束」があることが要件とされる．

ここでいう相互拘束性については，複数の事業者間に同質の拘束が存在することを要するかどうか議論のあるところである．この点については，行為主体＝事業者の範囲に関する問題として，別途取り上げる．

「相互拘束」については，拘束の相互性が前提となっているので，合意の内容が一方の当事者にのみ拘束を課し，他方の当事者はいかなる拘束も受けない一方的な場合は，ここでいう「相互拘束」には当たらない．このような一方的な拘束の場合は，私的独占もしくは不公正な取引方法として扱われるべきである．

「相互拘束」は，競争制限を内容とする合意の形成または協定の締結などによって成立する．合意・協定の内容に従った事業活動が実際に行われる必要はない．石油価格協定刑事事件・最高裁昭和59年2月24日判決によれば，「被告人らはそれぞれの所属する被告会社の業務に関し，その内容の実施に向けて努力する意思を持ち，かつ，他の被告会社もこれに従うものと考えて，石油製品価格を各社いっせいに一定の幅で引き上げる旨の協定を締結したというのであり，……かかる協定を締結したときは，各被告会社の事業活動がこれにより事実上相互に拘束される結果となることは明らかであるから，……『相互にその事業活動を拘束し』の要件を充足し，……その実効性を担保するための制裁等の定めがなかったことなど……は，右結論を左右するものではない」としている．

従来，審決・判例は，不当な取引制限をもっぱら「相互拘束」としてのみとらえ，次に述べる「共同遂行」を独立の要件とはみてこなかった．「共同遂行」は，「相互拘束」の補充的なものにすぎず，さらに拘束の度合いは極めて緩やかなものであると考えられる．したがって，「相互拘束」を伴わない共同遂行のみでは不当な取引制限は成立しないものと判断している．このようにみると，不当な取引制限という行為は，複数事業者による「共同行為」であるということになる．

　「共同遂行」が定義に含まれていることは，「相互拘束」の結果として「共同遂行」が生じるという「相互拘束」のもとでの事業活動の態様を示す意味があるとされる（今村『独占禁止法〔新版〕』）．

　しかし学説の中には，不当な取引制限が複数の事業者による「共同行為」であれば，相互拘束性よりも共同行為性に不当な取引制限の本質があるとし，「共同遂行」を独立の要件とみる立場もある．すなわち，「相互拘束」に該当するような合意形成，協定締結行為がなくとも，「共同の認識」を形成する行為があって，それに基づいて協調的な行動がとられていれば「共同して事業活動を遂行している」ものと認めることができるとする（正田『経済法講義』）．

　この立場では，「共同の認識」＝「相互拘束」＋「共同遂行」というように，基本概念を構成する二つの側面としてとらえている．したがって，二つの概念の間に主従の関係を認めていない．

　　＊2条6項の規定を素直に読む限り，不当な取引制限の行為類型として，「相互拘束」と並んで「相互遂行」が考えられているといえそうである．しかし，「遂行」の意味を協定参加者が各自，その合意に達した事項を為し遂げることを意味するので，「相互遂行」という表現は日本語としてなじまず，規定の中にある「共同して」という表現を用いて「共同遂行」としている．

2　行為主体＝事業者の範囲

　不当な取引制限には，競争事業者間の競争制限協定（横の協定）のみが含まれるのか，あるいは，相互に競争関係にない（取引段階を異にする）事業者間の競争制限協定（縦の協定・縦の取引制限）をも含まれるのかが問題となる．

　　＊この問題は，上述の，不当な取引制限の行為要件は，「相互拘束」のみであるのか，「共同遂行」も独立の要件とされるのかについての対立とも密接に関連している．

「横の協定」については問題ない.「縦の協定」について, 例えば, ある製品の製造業者と販売業者が取り決めにより, 製造業者は販売業者に当該製品の一手販売権を与え, 販売業者は製造業者の製品のみを取り扱うことを約束する協定においては, 両当事者の受ける拘束は同質ではない. このような「縦の協定」が不当な取引制限の範囲にはいるかどうか, 議論があるところである.

公正取引委員会の初期の審決には, 「縦の協定」を不当な取引制限の範囲に含めていたものがあった (例えば, 有力メーカーと複数の販売業者との再販売価格維持協定など, 取引段階の異なる事業者が関わっていたカルテルを, 不当な取引制限に当たると解していた. 公取委昭和25年9月18日同意審決・審決集2巻103頁) が, 東京高裁昭和28年3月9日判決・審決集4巻145頁の「新聞販路協定事件」では, 東京高裁は「縦の協定」は不当な取引制限の範囲にははいらないと判示した (百選19事件).

この事件では公正取引委員会は, 朝日, 毎日, 読売, 日経, 東京の各新聞社が暗黙の協定により新聞販売店に対して地盤割 (販売地域の指定) を行うことを決め, これを実施したことが共同行為に該当して違法であるとした. 新聞社側の提訴により東京高裁に係属したが, その判決において, 不当な取引制限は競争事業者間において結ばれる協定で, 協定当事者に同質の拘束を負わせるものに限られ, 一方当事者のみしか拘束を負わず, または両当事者がそれぞれに異質の拘束を負う内容を有する「縦の協定」はこの範囲には含まれないと判示した. その理由は, 不当な取引制限の要件として, 協定によって参加事業者の事業活動が「相互に拘束」されることが必要であるとし, これは協定参加事業者が同質の拘束を負っている場合と解すべきである, ということであった.

この判旨によると, 新聞社と新聞販売店の協定においては, 新聞販売店舗側が一定の割り当てられた事業地域においてのみ営業活動をする拘束を負っているのみであり, 新聞社側はそれに対応する拘束を負っていないので, 両者間の協定は不当な取引制限に該当しないこととなる.

*ここでは,「不当な取引制限とは, ……相互に競争関係にある独立の事業者……が共同して相互に一定の制限を課し, その自由な事業活動を拘束するところに成立 (し) ……各事業者に一定の事業活動の制限を共通に設定することを本質とする. ……一群の事業者が相集まって契約協定等の方法によって事業活動に一定の制限を設定する場合であって, その中に異種又は取引段階を異にする事業者を含む場合……, これらの者のうち自己の事業活動の制限を共通に受ける者の間にのみ共同行

為が成立する」との理論が示されている.
＊＊判決の分析：
① 主体が相互に競争する独立の事業者であること（独立の事業者の競争関係）
② その当事者がすべて制限を受けていること（制限の相互性）
③ その制限の内容が参加事業者に共通したものであること（制限内容の共通性）

　この東京高裁の判決に対しては，賛否両論がある．限定説（非包含説）と呼ばれる立場は，高裁判決に賛成するもので，独占禁止法２条６項の要求する相互拘束性からみて，文理解釈上，不当な取引制限に該当する協定は競争事業者間に結ばれるもので，参加事業者が同質の拘束を負っているものに限るべきであるとする．しかし，限定説を採るものの中にも，例えば，製造業者の示唆によって販売業者が相互に価格協定を行い，しかも製造業者がこの価格協定の実施を管理している場合などには，非競争者が競争制限協定に加わっていても，これをも含めて不当な取引制限が成立すると解する立場もある．

　これに対し非限定説（包含説）と呼ばれる立場によれば，独占禁止法２条６項が協定によって参加事業者の事業活動が相互に拘束されることを要求しているといっても，この相互拘束は当事者がまったく同種の拘束を負っている場合に限るとの明文がないことから，範囲を限定する理由がないとする．また「相互にその事業活動を拘束し，又は遂行すること」とされていることから，相互拘束の他に，「相互にその事業活動を遂行すること」，すなわち「共同遂行」が不当な取引制限の一種として認められているので，不当な取引制限の範囲を必ずしも競争事業者間の協定に限定する必要はない，とする．

　＊再販売価格維持行為のような場合には，多数の相手方に同一内容の制限を課することにより，競争の内部的制限が生じており，相手方間の意思の連絡も，「縦の制限」を機縁として成立し，かつ，その実効性は，「縦の制限」によって担保されている．したがって，集団的な「縦の制限」によって形成された「横の制限」（相手方間の制限）を有効に除去するためには，「縦の制限」自体を排除措置の対象としなければならない．
　＊＊非限定説は，「相互拘束」と「共同遂行」とを独立の二つの要件として，どちらか一つが満たされれば足りると考えた結果であり，限定説は，「共同遂行」は独立の要件ではなく，「相互拘束」があればその結果として「共同遂行」がなされると考える帰結であると整理することができる．故久保欣哉（一橋大学名誉教授）先生によれば，「相互拘束」と「共同遂行」とを別個独立の要件とせず，「共同遂行」を「相互拘束」の補助概念ととらえ，「相互拘束」があればその結果として事業活動は

共同して遂行されることになるとみる．ただ，相互拘束を協定参加者全員にとって同一内容の拘束に限ると解釈しなければならない理由はないとして，非限定説を支持される（久保欣哉『独占禁止法通論』）．

実態をみれば，共同して競争を休戦し，プライス・メーカーとして市場を支配することについて，利益をともにするからこそ，異種の取引段階に属する事業者も競争制限協定に加わるのである．異種事業者は協定に参加することによって，協定の目的達成を支持しており，競争制限を助長しているのである．同一の方向を目指して共通する目的の達成に共同しているのである．かかる場合，協定参加者全員を不当な取引制限の行為主体ととらえる必要がある．

上述の議論を踏まえると，次の公正取引委員会のガイドラインが参考となる（「流通・取引慣行に関する独占禁止法上の指針」（平成3年7月11日発表）より）．

「不当な取引制限は，事業者が他の事業者と共同して『相互にその事業活動を拘束』することを要件としている（独禁法2条6項）．ここでいう事業活動の拘束は，その内容が行為者（例えば，製造業者と販売業者）すべてに同一である必要はなく，行為者のそれぞれの事業活動を制約するものであって，特定の事業者を排除する等共通の目的の達成に向けられたものであれば足りる．」

公正取引委員会の上記のような解釈のもと，製造業者と販売業者の間（少なくともいずれかの側は複数の事業者の参加を前提とする）における共同ボイコットについて，不当な取引制限に当たる場合の例として次のものを挙げる．

① 複数の販売業者と複数の製造業者とが共同して，安売りをする販売業者を排除するために，製造業者は安売り業者に対する商品の供給を拒絶し，または制限し，販売業者は安売り業者に対し商品を供給する製造業者の商品の取扱いを拒絶すること

② 製造業者と複数の販売業者とが共同して，輸入品を排除するために，販売業者は輸入品を取り扱わず，製造業者は輸入品を取り扱う販売業者に対する商品の供給を拒絶すること

　公正取引委員会は，新聞販路協定事件に対する東京高裁判決以降，相互拘束の意味を同業者間における同質的な拘束（値上げ協定であれば，お互いに値上げをするという合意をすること）の意味に解してきたが，今後は，異業種の事業者間における拘束内容を異にする合意であっても，共通の目標（例：安売り業者の排除）に向かうものであって，一定の取引分野における競争を実質的に制限するような効果を伴うものであれば，不当な取引制限として取り扱うことを明らかにした．

　以上のような流れの中で，「社会保険庁シール談合事件」東京高裁判決が登場した（東京高裁平成5年12月14日判決・審決集40巻776頁）．

　本件は社会保険庁発注のシールの入札に際し，トッパン・ムーア，大日本印刷，小林記録紙（指名業者3社）および日立情報システムの4社が談合し，今後落札業者を指名業者3社のうちいずれかとし，その仕事はすべて落札業者から日立情報システムに発注（実際の製造は日立情報システムの専属工場の役目をしていたビー・エフが担当）するとともに，その間受注価格を調整することなどにより4社間の利益を均等にすることを合意していた．このような行為が不当な取引制限に当たるとされた．

　被告側は，新聞販路協定事件の判旨を引用し，日立情報システムは指名業者と立場（取引段階）を異にし，また競争関係にないことなどを理由にあげて行為主体となり得ない旨を主張した．しかし，判決はカルテルの主体となる事業者を「同質的競争関係にある者に限るとか，取引段階を同じくする者であることが必要不可欠であるとする考えには賛成できない」として被告側主張を退けた．

　この判決は，事実認定において，4社間には実質的な競争関係が存在するとの前提に立った上での判断であるが，新聞販路協定事件の判旨から一歩踏み出したものであるといってよい（もっとも，判決の傍論の部分での指摘であるので，このことから直ちに「縦の協定」までも認めたものと理解するのは難しいであろう）．

3 不当な取引制限の成立要件

(1) 基本要件

　共同行為は，一般的に，複数の事業者が意思を連絡して同一の目標に向かって行動することと解される．その基本的な要件は，① 行為の外形的一致，② 事業者間の意思の連絡である．

　①は客観的要件であり，当事者のそれぞれの行為の外形が一致していること，つまり同一の企業行動がとられていることである．

　例えば，価格カルテルでは，各事業者が同じような時期に同じような内容の値上げをしたこと，生産制限カルテルでは，各事業者が一斉に減産していることなどであるが，一斉値上げのような場合だけでなく，価格維持カルテルのように各事業者間に価格の動きは特段ないものの，需給の状況等からすれば価格が低下するはずのものが現状に維持されているような場合には，同様に行為の外形が一致しているものといえる．

　②は主観要件であり，単に行為の外形が一致していても，これについて事業者間に何らかの意思の連絡，すなわち，事前の連絡交渉がなければ共同行為とは認められない．事業者の行動それ自体は，市場の状況，製品の性質，原材料コストの状況等から他律的に律せられ，その結果各事業者が同じような行動をとることもあるからである．

　ただし，意思の連絡は，明示であるか黙示であるかを問わない．明示の意思の連絡の典型例は，当事者間で契約や協定を取り交わすことであり，また文書などは作成しなくても，会合の席上合意に達したような場合なども含まれる．

　黙示の意思の連絡は，当事者間において，共同行為の内容に関する事柄について，情報交換を行い，結論について申し合わせをしないまでも，各事業者とも共通の認識をもつに至ることを意味する（リーディング・ケース：湯浅木材工業㈱事件）．

　　＊湯浅木材工業㈱事件（公取委昭和24年8月30日審判審決・審決集1巻62頁）
　　　（事実の概要）
　　　　第二次世界大戦後，連合国進駐軍の必要とする合板の納入に際して，特別調達庁が12名の合板製造業者を対象として見積り合わせ入札の方法を採用した．この第1回の入札の前に合板製造業者が会合を開き，見積価格につき種々の雑談をした末，各自，自己以外の者が入札する価格を察知し，自己もまたこれと歩調を合わせることを決意して入札に応じた．

(審決要旨)

「共同行為の成立には，単に行為の結果が外見上一致した事実があるだけでは，未だ十分ではなく，進んで行為者間に何らかの意思の連絡が存することを必要とするものと解するとともに，本件におけるがごとき事情の下に，或る者が他の者の行動を予測し，これと歩調をそろえる意思で同一行動に出たような場合には，これらの者の間に，右にいう意思の連絡があるものと認めるに足るものと解する．」

(2) 意思の連絡とその立証

前述のように，不当な取引制限の結果，協定参加者の間には斉一的な行動と結果が生じる．（繰り返し述べることになるが）この「斉一的な行動と結果」とは，不当な取引制限の立証に当たっての「客観的な要件」とされる．つまり，「行為の外形的一致」が要求される．例えば，価格引き上げ協定がなされて実施されれば，価格の一斉値上げが行われるわけである．しかし，「行為の外形的一致」のみでは不当な取引制限は成立しない．

平成17年改正前まで規定されていた「価格の同調的引き上げ」（独禁法旧18条の2）は，寡占的市場構造における事業者の価格面での協調的行動（例えば，価格の上方弾力的，下方硬直的「管理価格」）の弊害を規制するものであったが，「価格の同調的引き上げ」という行為のみをもって，直ちに不当な取引制限の成立とみることはできない．不当な取引制限の成立には，「客観的な要件」に加えて「主観的な要件」として「意思の連絡」が必要である．

（これもまた繰り返しになるが）「主観的な要件」としての「意思の連絡」とは，事業者間における事前の連絡交渉のことであり，「意思の連絡」により協定参加事業者間に「共通の認識」が形成される．ここにいう「共通の認識」とは，「相互拘束」という競争制限的な合意である．「意思の連絡」を欠く場合には，「共同行為」とは認められない．それは（前述のように），事業者の行動それ自体は，市場の状況，製品の性質等他律的に決められ，結果的に，各事業者が同じような行動をとることもあるからである．

＊不当な取引制限の成否は，「行為の外形的一致」を手掛かりとし，これから遡って「主観的要件」を充足するかどうかを立証することにかかってくる．事業者は，独占禁止法3条の禁止規制，同7条の排除措置そして7条の2にいう課徴金納付命令を免れたく，「主観的要件」を裏付ける証拠を残さないよう努力することになる．したがって，実務上直接証拠を発見することは困難であるので，間接証拠による立

証が認められなければならない．

　判例によれば，「意思の連絡」とは，「複数事業者間で相互に同内容又は同種の対価の引き上げを実施することを認識ないし予測し，これと歩調をそろえる意思があること」をいう（東京高裁平成7年9月25日判決・審決集42巻393頁「東芝ケミカル事件」，百選21事件）．

　不当な取引制限は，事業者が共同するのに，「契約，協定その他何らの名義を以てするかを問」わないから，「意思の連絡」は，明示でも黙示でもかまわない．これは「一方の対価引き上げを他方が単に認識するのみでは足りないが，事業者相互間で拘束し合うことを明示して合意することまでは必要でなく，相互に他の事業者の対価引き上げ行為を認識して，暗黙のうちに認容することで足りる」．こうしなければ，合意を「外部に明らかになるような形で形成することを避けようとの配慮が働くのがむしろ通常であり，外部的にも明らかな形による合意が認められなければならないと解すると，法の規制を容易に潜脱することを許す結果になる」（同判決）．

　「意思の連絡」の立証については，「対価の引き上げがなされるに至った前後の諸事情を勘案して事業者の認識及び意思がどのようなものであったかを検討し，事業者相互間の認識，認容があるかどうかを判断すべきである」とされる（同判決）．

　　＊東芝ケミカル事件からの結論
　　　① 当事者間の事前の連絡，接触の有無
　　　② 当事者間の連絡，接触の内容
　　　③ 連絡，接触後の行為，とくに一致した行為
　について事実を明らかにする必要がある．

　事前の連絡，接触では，価格の引き上げの前に頻繁に会合がなされたかどうかということから立証が可能である．

　連絡，接触の内容については，業界の実情，価格の現状などの情報交換，価格の引き上げについての意向の表明，安売り業者に対する対策の話し合いなどが，「意思の連絡」の有無の認定にとり重要となる．

　連絡，接触後の行為は，連絡の内容を立証するために重要である．これは，事業者によるカルテルの実施の態様を示すものであり，とくに価格の引き上げの額が事業者間で一致していると，その事実が「意思の連絡」を推論するうえで重要なこととなる．

第5節　不当な取引制限の成立時期

　不当な取引制限（および事業者団体の禁止行為）が成立するためには，事業者間の合意（または事業者団体の決定）で足りるのか，少なくとも合意（決定）の着手が必要であるのか，さらには合意（決定）に基づく事業者による実施まで必要であるのか．
　この問題は，事業者の共同行為（事業者団体の行為）がいつの時点で競争の実質的制限を生ぜしめたことになると判断するのかの問題である．
　公正取引委員会は，ほとんどの審決において，合意・決定の実施まで認定しているが，違反行為の成立には，必ずしも実行行為を必要としないという考え方をとっている．しかし，これを超えて合意・決定のみで足りるとするのか，実施の着手まで必要であるとするのかは明らかではない．

どの時点で不当な取引制限は成立するのか

　判例は，原則として合意・決定時点において競争の実質的制限が生じ違反行為が成立するとする（合意時説）．石油価格カルテル刑事事件最高裁判決（最高裁昭和59年2月24日判決・刑集38巻4号1287頁）は，「事業者が他の事業者と共同して対価を協議・決定する等相互にその事業活動を拘束すべき合意をした場合において，右合意により，公共の利益に反して，一定の取引分野における競争が実質的に制限されたものと認められるときは，独禁法89条1項1号の罪は直ちに既遂に達し，右決定された内容が各事業者によって実施に移されることや決定された実施時期が現実に到来することなどは，同罪の成立に必要でないと解すべきである」と判示する．
　ちなみに本件被告側は，「不当な取引制限の罪は，共同行為に従ってその内容が実施されたとき初めて既遂に達するものであるが，本件においては右実施についての立証がなされていないから，右罪の既遂をもって論ずることはできない」と主張していた（実施時説）．
　これに対し，東京高裁は「独禁法2条6項所定の拘束力ある共同行為は本来競争制限的効果をもつものであるところ，同規定は，不当な取引制限の成立要

件としての共同行為を『一定の取引分野における競争を実質的に制限する』内容のものに限定したものであり，換言すれば，公共の利益に反して，一定の取引分野における競争を実質的に制限する内容の拘束力ある共同行為が行われれば，直ちに不当な取引制限が成立することを規定しているものであって，不当な取引制限の罪は，共同行為によってもたらされる競争の実質的制限の外部的表現である共同行為の内容の実施をその成立要件とするものではないと解するのを相当とする」とした（東京高裁昭和55年9月26日判決・高刑集33巻5号511頁）．

　いずれも「合意時説」に依拠している．被告側の主張した「実施時説」は，「競争の実質的制限」を「市場支配の状態を惹起せしめること」と解し，そのような結果の発生が必要であり，そのためには協定が実施されることが必要であるとする．

　判例の説く「合意時説」によれば，価格制限，入札談合，生産制限など競争制限それ自体を目的とする合意・決定であって，しかも合意・決定の当事者の市場占有率が大きく，市場の価格や生産数量を支配し得る力を形成している場合には，合意・決定の時点で競争が実質的に制限されたものとして，容易に違反行為が成立すると認定することはできる．とくに寡占的な市場では，協定等参加者間に共通の認識が生じた段階で，実質上競争を拘束する機能が生じていると判断するのが望ましいとされる．カルテル的体質の業界への適用は妥当であるといえるが，そうでない業界には問題もある．すなわち，カルテルへの依存の低い業界にあっては，合意・決定のみで競争を実質的に制限すると認定することは困難を伴うことがあると思われる．

　例えば，合意・決定の当事者の市場占有率があまり大きくなく，アウトサイダーの追随を待って初めて合意・決定が実施に移される場合や，共同研究開発，共同販売，共同購入など必ずしも競争制限それ自体を目的とする合意・決定ではない場合においては，合意・決定の時点で競争の実質的制限が生じ違反行為が成立すると認定することは困難である．この場合には，実施の着手が必要となるであろう．

　それで学説としては，以上のほかに，「着手時説」が主張されている（松下『経済法概説［第5版］』）．これによれば，協定実施の準備行為などの実行の着手が必要であるとされる．

　独占禁止法89条2項には，「前項の未遂罪は，罰する」とあることから，通常は，「合意時説」が妥当する事案が多いものと思われる．一般論として，不

当な取引制限はできる限り早期に規制することが望ましい．また，独占禁止法の実効性のある運用にとっても，同2条6項の可能な解釈の範囲で，できる限り手前の段階で規制ができるようにすべきである．したがって，原則としては「合意時説」で臨むものとし，具体的な事案の中で対象とされている業界によっては，合意・決定の内容などが競争の実質的制限を直ちに認定することが困難な場合には，実施に向けての着手の事実＝準備行為を手掛かりとして，「着手時説」でその不備を補うといった態度が望ましいと考える（一律にいずれか一つの学説で対処すべきではない）．

＊このように，私見を述べると，「着手時説」との違いがないことになる．もともと個人的には「着手時説」が最も妥当だと考えていた（合意しただけで，直ちに既遂に達するとの解釈には違和感があった．しかも，合意だけで競争が実質的に制限されたといえるのか疑問である）．しかし，その手掛かりとなっていたドイツ法が改正され，「合意時説」に接近したので，妥協的に上のように考える次第である（ちなみに，ドイツではカルテルは犯罪とはされていない．秩序違反＝一種の行政法違反とされる）．

ところで，刑事罰を科すことができるカルテル行為とはどの段階のものとして認めるべきか．「既遂の時期」の問題として，刑法学では，刑罰の保護法益に対する危険が発生した時期を既遂の時期と考えている．その点からは，共同行為の参加者間の合意の時期を既遂の時期と考えることには無理が生じるのではないか．これは単に経済法学者と刑法学者の認識の違いか（しかし，判決を下しているのは東京高裁・最高裁であるので，そもそも認識の違いなどあるはずもない．）．

本判例では，独占禁止法の経済政策的側面もあって，（政策的に）効率的な規制を図ることが重視されたのかも知れない．実効性ある行政上の措置（排除措置）を実施するうえでは「合意時説」を採用するメリットも認められようが，これと軌を一にして刑事罰を科すことには，やはり問題があるのではないだろうか．

第6節　不当な取引制限と行政指導

1　わが国の産業統制

わが国における産業政策の特徴の一つに，主たる監督官庁の指導のもとに関

係業界が統一的な行動をとるよう勧められることがある．これを行政指導といい，古くは1950年代から1960年代半ばまで，旧通産省の勧告による操業短縮（勧告操短）があり，60年代半ばから官民協調懇話会での投資調整が実施された．また，50年代から実施されてきた鉄鋼公開販売制（鉄鋼各社が予定生産量を旧通産省に届け出て公開する制度で，情報交換を通じての，事実上の勧告操短に当たる）も，1991年7月まで実施された．

　このように行政機関は，一方では種々の法律により規制権限を与えられながら，他方で法的な強制力がなく，相手方の任意の協力を前提とする行政指導を通じて企業の経済活動（価格，生産，設備投資など）に関与してきた．行政指導は無原則に行われると，市場経済の働きや経済活動の自由を侵害するおそれがある．また，行政指導は，相手方の協力がなければ効果を発揮しないので，しばしば指導を受けた事業者のカルテルを誘発してきた．しかもわが国の産業界にあっては，カルテルを当然に悪とみる思想は，依然として薄いものと思われる（同様に，政府にもそのような傾向が強いのではないかと思われる）．それは，戦前から政府はカルテルを以て，産業統制の一手段とみてきた経緯があり，戦後の産業界も，業界の自主調整（すなわちカルテル）は，むしろ経済民主主義に適うものであると主張してきた背景があったからである．昭和28年の独占禁止法改正によるカルテル認可制の導入にはこのような事情があったのである．

　問題は，このような競争制限的な行政指導が行われた場合，それに従った事業者は独占禁止法違反となるのかどうかである．

2　行政指導の意義と特徴

　行政手続法は2条6号の中で，行政指導について次のように定義している．すなわち，行政指導とは，「行政機関がその任務又は所掌事務の範囲内において一定の行政目的を実現するため特定の者に一定の作為又は不作為を求める指導，勧告，助言その他の行為であって処分に該当しないもの」とされる．

　この定義は，同法が制定される前から学説上，行政指導について主張されてきたところにほぼ相当するものである．

　この定義から明らかにされることは，行政指導が非権力的な作用であって，任意的手段にとどまるということである．したがって，事業者がかかる指導に従うか否かはまったく自由である．もっとも行政の側は，いろいろな局面において許認可権限を有しているから，事業者側が指導を拒否した場合には，事実

上の不利益を被ることは避けられないところである．「指導」ということからもわかるように，行政の「優位」が前提とされている．行政指導の実効性は，この点に認められる．

もっとも，行政手続法の目的は，「処分，行政指導及び届出に関する手続に関し，共通する事項を定めることによって，行政運営における公正の確保と透明性の向上を図り，もって国民の権利利益の保護に資すること」としている（同法1条1項）ことから，行政指導についても，行政機関の任務または所掌事務の範囲を逸脱してはならず，内容はあくまで相手方の任意の協力によってのみ実現されるものであることに留意しなければならない（同法32条1項）．したがって，行政指導に従わなかったことを理由として，不利益な取扱いをしてはならず（同条2項），口頭の行政指導について相手方から要求があったときは，行政指導の趣旨，内容，責任者を明確にした書面を交付しなければならない（同法35条1項，2項）とされている．

以上のように，行政指導は法的効果を伴わない単なる事実行為であり，行政側に法令上の権限がない場合もあるのが，通常である．しかし，直接の権限がなくとも，何らかの関連する法的根拠に基づいて指導をするのが一般的である．この点で，行政指導は一種の行政裁量である．

わが国の経済界には，明治以来，「官尊民卑」の思想が浸透しており，行政に従っておくことが業界で生き残る術の一つとされてきた経緯がある．事業者の側のこのような姿勢が，わが国経済の固有の慣行として，世界的に認知されているところであり，今日では非難の的となっている．

行政指導と独占禁止法の関係が問題となったのは，前述の旧通産省による「勧告操短」に対し，一部の事業者が抵抗し，これに対して旧通産省が報復措置をとったことが社会的注目を集めたことに端を発する．さらに1970年代に起こった「石油ショック」を背景に，旧通産省が「狂乱物価」を抑制するために関連事業者のカルテル行為を奨励することが頻繁に行われたことも，この問題の契機となった．

3　行政指導の長所と短所

(1)　行政指導の長所

以上のようにわが国で行政指導が盛行であったのは，多分にわが国国民の精神構造にもその一因があったわけであり，また従来の官僚機構にもよるところ

が大きかったといえよう.

　近代国家の原則は,「法律による行政」であり, 行政側の権限はすべて法令に明記されていることを要する. その場合, 新たな措置などをとろうとすると, そのための立法作業が必要となる. しかし, 新たな立法となると, その審議のために長時間を要することとなる. それに対し, 行政指導は当該措置に対する授権作用を必要とせず, 即座に対応することができる. 法律の不備を補い, 迅速かつ適切に対処できるという, かかる即応性に行政指導の利点があるといえる.

　また, 行政指導それ自体の非権力的作用も長所であるといえる. すなわち, 指導に従わない事業者が出てきても処分の対象とはならず, 警告や勧告等の軽い措置で対応できるからである. かかる措置は, 行政指導を受け入れる側にとっても, 事実上の不利益を伴うことはあるにせよ, 厳罰を伴うような法令上の負担とはならない利点がある. 事業者からは, 穏便な結果が期待されるということである.

　通常, 権力的作用を伴う, 行政上の措置に従ったことで発生した損害に対しては, 国家賠償請求等の訴えを提起することができる. しかし, 行政指導の場合は, これに従うか否かは任意であるので, 指導に従ったものが損害を被ったとしても, 損害賠償に訴えるとはできない. 行政の側は責任を問われることがない, という利点を享受できるわけである.

　以上のように, 行政指導の長所を長所ならしめているのは, 前述のように, わが国固有の文化的構造にあるといえよう. 国民自身も,「長いものには巻かれろ」式の精神構造からは脱却し切れておらず, また, 官僚の「天下り」現象に象徴されてきたように, 行政と関連業界との密接な関係が長所ならしめてきたわけである.

　行政指導の簡便性, 柔軟性という利点には, 以上のような背景があることに注意する必要がある. かかる背景があるから, カルテル (とくに「談合」) に対して経済界は寛容な態度で臨むのである.

(2) 行政指導の短所

　行政指導の長所について, やや批判的に述べてきたが, 短所については, 独占禁止法をめぐる国際協調の視点からも, さらに批判的に指摘していきたい. 行政指導の利便性の裏には, さまざまな弊害が認められるのである.

① やはり，前述の近代国家の原則である「法の支配」に抵触する点である．
「法の支配」あるいは「法律による行政」という原則があるからこそ，行政権の濫用は阻止され，国民の側に法的安定性および予測可能性が確保されるわけである．関係者の任意性を前提に展開される行政指導には，かかる安定性，可能性が確保されていない．

また，基本原則に抵触する行政のあり方が政治的腐敗を一掃できない一因ともなり，「官製談合」と呼ばれるような新たな事態をもたらしているのである．

② 次に①とも関連するが，責任の所在が不明な点である．行政指導の特徴として，それがいつ，いかなる方法で，どのような内容の指導をするかについて，明確な基準が用意されていないことが指摘される．そのような基準がないまま行政指導が実施されているのである．このとき，行政側の各省庁がそれぞれの判断で独自に，異なった行政指導を実施することも考えられる．その場合，いずれの指導に従うべきか問題となり，また，いずれの省庁に責任を問うべきかについても不明確になる．このように行政指導は，行政の側には好都合な措置となるが，この指導を受ける側にとっては不都合なものでしかない．

③ 行政指導には，事実上の服従強制が認められる点である．これは，行政の側に好都合であるということから派生する作用である．前述のように，行政指導が社会問題化したのは，この点である．行政指導は，これに従うか否かは任意であるが，現実には指導に従わない者に対しては，何らかの不利益が及ぶようになっている．行政は依然として許認可権限を有していることから，かかる報復が可能となるわけである．行政の陰湿な体質は旧態依然としている．

④ 最後に，行政指導に従った結果損害を被った場合に，有効な救済手段がない点である．前述のように行政指導は強制ではなく，任意が前提となっている．任意であるので，通常の行政作用の場合に認められるのと同じようには，国家賠償や処分取消を求めるわけにはいかなくなる．行政指導は「事実行為」に過ぎないのである．かかる請求に要する「訴えの利益」や行政指導の「違法性の有無」といった要件を満たすことはほとんど不可能である．

以上のように，事業者の活動領域（＝経済分野）においても，依然として，行政が幅を利かしているのが日本の特色であるといえる．しかしそのような姿は，諸外国からは異様な姿として映っていることにも留意すべきである．独占禁止法の世界にもハーモナイゼーションの波動は起こってきているのであり，事業者の側としても，いつまでも行政官に依存する姿勢を続けることはできな

くなっているのである．

　競争という共通のルールを遵守することが，今後さらに強く求められることになる．

4　審・判決例

　独占禁止法と行政指導の問題に最初に取り組んだのは，「野田醤油価格協定事件」（公取委昭和27年4月4日審判審決・審決集4巻1頁）であった．本件は，当時の物価庁の行政指導に従って野田醤油ら全国メーカーが，物価統制令が廃止されるまでの間，醤油の小売価格を一升75円とすることで合意したことが独占禁止法違反に問われたものである．この価格は最高価格で，メーカーに対してこの最高価格を遵守するよう要望したのであった．

　論点は，この最高価格の遵守の要望は物価庁の指導に基づくものであるということを理由に，独占禁止法の免責が与えられるべきかということであった．公正取引委員会は，たとえ物価庁の指導に基づくものであっても，カルテルは違法である旨決定した．審決の主要部分は以下の通りである．

> 「独占禁止法……の運用のためには公正取引委員会なる独立の官庁が設けられているのであり，これを裁判所の再審査を条件として唯一の公権的解釈および適用の機関となしている．たとえ政府の機関といえども，その他の行政官庁がほしいままに本法を解釈することは許されない．ゆえに，多数行政官庁中たまたま本法の精神を理解せず誤った指導をなすものがあったとしても，事業者またはその団体は各自法の命ずるところが何であるかを判断してこれに従う責任があるものであることは言をまたない．官庁の指導の有無はあるいは罰則適用の際しんしゃくすべき情状となることはありうるかも知れないが違法の状態を排除するために必要な措置をとるべき事業者または団体の責任を軽減するものでない．」

　次いで本件に類似する審決が，「化繊協会勧告操短事件」（公取委昭和28年8月6日審判審決・審決集5巻17頁）である．この事件では，朝鮮動乱終結後の不況を克服するために旧通産省が化繊協会に対して生産制限の勧告操短を行い，化繊協会がこれに従って構成事業者の生産制限を行ったことが旧事業者団体法5条1項1号および8号に違反するとされた．

　この事件では被審人側は，本件の化繊協会による生産割当は旧通産省の勧告

によるものであるから，違法とはなしえないものであると主張したが，公正取引委員会は，「……協会が法律違反の行為をあえてするに至ったのは当時の一般情勢上やむを得なかった面もみとめられないではなく，ことに直接官庁の指導の矢面に立つ被審人協会の役員の立場は少なからず同情に値するものがあると考えられるのであるが，この理由により明白なるは法律違反を看過するにおいては当該法律の解釈適用になんら権限を有せざる行政官庁の意向のいかんにより法の適用を左右にすることとなり不当であることはいうまでもない」と述べた．基本的に昭和27年の審決で述べたところを継承している．いずれもたとえカルテルが行政官庁の行政指導に基づくものであっても，それが独占禁止法2条6項または8条各号の構成要件を充足するものである場合には違法であるというものである．

行政指導と独占禁止法の問題について最高裁まで争われたのは，石油カルテル事件である．これは東京高裁の生産調整事件（東京高裁昭和55年9月26日判決・判時983号22頁）と価格協定事件（最高裁昭和59年2月24日判決・刑集38巻4号1287頁）の二つに分かれる．ここでは前者を取り上げる．

生産調整事件では，石油製品の需給調整を目的とする石油業法に基づいて旧通産省が石油行政を展開していた背景があった．同省はこの法律の実施に当たり行政指導を行っていた．その一方で石油業界は，事業者団体である石油連盟の場において生産制限を決定し，これを実施していた．旧通産省もこの生産制限決定を活用し，生産調整の目的を実現しようとしていたのであった．公正取引委員会は，この石油連盟の行った生産調整が独占禁止法に違反するとして勧告審決を以てこれを違法とし，さらに刑事告発した．

東京高裁は，本件生産調整は独占禁止法違反の構成要件を充たし違法性があるが，被告人には違法性の意識がないので無罪とした．そして行政指導については，「もし本件原油処理量の配分行為が，石油業法の定める供給計画制度を実施するため通産省の指示又は委任に基づいて行われた措置で，同法がその運用として許容していると解せられるものであるならば，その行為は法令による行為又は正当な業務による行為であり，刑法35条により違法性が阻却される」と述べ，さらに行為が石油業法に基づく通産省の指示または委任に基づく行為ではなくとも，「右配分行為が通産省の任務に属する石油需給調整を実施するために必要とされ，同省の指導ないし容認の下に行われた協力行為であるならば，正当な行為として刑法35条の趣旨により違法性が阻却される余地もないで

はない」と述べた．しかし本件の場合には，石油連盟の生産割当は全面的に旧通産省の行政指導に基づくものとはいえず，連盟独自の判断により生産割当が決定されたのであり，旧通産省はもっぱらこれを利用しただけであるから，当該生産割当は本質的には私的な行為であり，違法であると判決された．

この石油カルテル事件（生産調整および価格協定に関する東京高裁判決）を契機として，公正取引委員会と旧通産省はそれぞれ行政指導と独占禁止法の関係についての見解を発表した．公正取引委員会の見解は，その後後述する平成6年6月30日の「行政指導に関する独占禁止法上の考え方（行政指導ガイドライン）」へと発展していった．

旧通産省の見解をみると，①内閣法制局や学説によれば，行政指導は相手方の任意の協力を得て，設置法に定められた所掌事務の範囲で行うことができるものであること，②個別事業者に対する行政指導については，個々の事業者に対し，個別に行政指導を行う限り，独占禁止法の禁止規定に形式的に違反する行為ではあり得ないものである，としていた．現在の経済産業省がどのように考えているのかは定かではないが，基本的には変わっていないものと思われる．

5　最高裁判決

続いて独占禁止法と行政指導との関係について，最高裁の見解を示しておく．

前記最高裁判決（最高裁昭和59年2月24日判決・刑集38巻4号1287頁）は，行政指導に基づく事業者間の合意につき，「価格に関する事業者間の合意は，形式的に独占禁止法に違反するようにみえる場合であっても，適法な行政指導に従いこれに協力して行われるものであるときは，違法性は阻却される」と判示した．もっとも，この事件における事業者間の合意は，値上げの上限に関する旧通産省の適法な行政指導への協力の域を超え，値上げの合意をしたものであるから，不当な取引制限に当たるとした．本件では，行政指導は，事業者自身の共同行為による競争制限のかくれみのとして利用されていたにすぎないものであったわけである．

では，適法な行政指導への協力とはどのように解すべきであるか．

最高裁は石油業法の関係規定を挙げ，その目的を達成するために必要がある場合には「社会通念上相当と認められる方法によって行われ」，「独占禁止法の究極の目的に実質的に抵触しないものである限り，これを違法とすべき理由は

ない」とする.

　ここで独占禁止法の目的に照らし「違法」でないとされたのは，値上げ抑制のための行政指導であったからであり，それが「社会通念上相当とされる限度内」と認められたのは，行政による「価格に関する積極的・直接的な介入をできる限り回避しようとする態度が窺われ」たためであるようである．
　では，このような適法な行政指導への協力のためであるならば，事業者間の合意も違法ではないということになるが，本件の場合なぜこれに該当するのか．それは，旧通産省が自ら直接価格に介入することを避け，石油元売業者に業界全体の意向を反映した見解の提示を要求したからであり，それが「社会通念上相当な方法」に該当するとみたようである．
　しかし，「業界全体の意向の反映」などは事業者団体でなければできないことで，判旨は結局，事業者団体に値上げの原案作りを任せてもよいというに帰着する．これは，業界の「自主調整」の思想と何ら異なるところのないもので，このような形の事業者団体の利用が，当該団体の独占禁止法8条違反行為を誘発するものであることは，生産調整事件東京高裁判決が明瞭に指摘しているところであり，これを以て「社会通念上相当」と認めるべき根拠はどこにもない．価格抑制のための行政指導が一般消費者の利益に合致するとしても，そのために事業者間の競争制限行為を認めてよい理はない．
　結局，「適法な行政指導への協力」とは，個々の事業者に対する行政指導に応じること以外にはなく，そのための事業者の共同行為も認められる場合があるとする最高裁の見解は，肯定しがたく，むしろ行政指導を広い範囲で認める結果となっているといえる．

第7節　事業者団体の活動規制

1　規制の趣旨

　独占禁止法違反行為は，事業者によるほか事業者団体によっても行われる．独占禁止法の基本的な禁止行為として，私的独占，不当な取引制限，不公正な取引方法の三つがあるが，これらの禁止行為の主体は事業者であって，3条，19条は事業者団体に適用することができない．それで8条（禁止行為），8条の2（排除措置），8条の3（課徴金）を定めて，事業者団体に対して別途，規制している．とくに8条は5号にわたって禁止行為を掲げている．

事業者団体は競争制限行為の温床となり易い．独占禁止法2条2項の定義にあるように，事業者団体は，「事業者としての共通の利益を増進することを主たる目的」としていることから，その組織的拘束力の強さも加わって競争への悪影響を及ぼす潜在的危険性が大きいといえる．ゆえに，しばしばカルテルの温床になる．

* 組織的拘束力の強さ；事業者団体は構成事業者の活動を制約する性格を持っている．すなわち，定義にみる「共通の利益の増進」という主目的にそって構成事業者の活動は制約されることになるが，この制約が行き過ぎると，自由に行動することのできるはずの行為主体である事業者から自由を奪うことになる．これは競争の前提の否定である．競争と自由とは分かちがたく結びつく（久保『独占禁止法通論』）のである．

2　事業者団体の禁止行為

事業者団体についての禁止規定はかなり抽象的であるのに対し，事業者団体の活動が多岐にわたるものであることから，どのような行為が禁止規定に違反するものであるか，可能な限りあらかじめ予測することができるようにすることが必要である．それで公正取引委員会は，事業者団体の活動について各種のガイドラインを作成・公表している（平成7年10月30日公表「事業者団体の活動に関する独占禁止法上の指針」，平成6年7月5日公表「公共的な入札に係る事業者団体の活動に関する独占禁止法上の指針」，平成3年10月24日公表「資格者団体の活動に関する独占禁止法上の考え方」，昭和56年8月7日公表「医師会の活動に関する独占禁止法上の指針」）．

- 8条1号：一定の取引分野における競争を実質的に制限すること

この要件の意義は，「私的独占」，「不当な取引制限」と同じである．しかし，「公共の利益に反して」の文言が欠けている．この文言については，「宣言的意味」しか持たないと考えるので，とくに2条6項との間に解釈の消長はない．

* 「日本遊戯銃協同組合事件」（東京地裁平成9年4月9日判決・審決集44巻635頁）（百選45事件）では，「不当な取引制限」における「公共の利益」を読み込む形で，本号でも「公共の利益」による違法性阻却を認める他の規定の趣旨を鑑みる等して，違法性阻却を認めることが可能であるとする．

本号は，事業者団体の団体としての意思決定により一定の取引分野における競争が実質的に制限される場合を問題とする．ここでは，違反行為の態様については特に定めていない．これはどのような行為類型によるにせよ，一定の取引分野の競争を実質的に制限する事業者団体の行為を禁止する趣旨である．したがって，2条5項にいう「支配」ないし「排除」に相当する行為に対しても本号の適用はある（「石油連盟東京支部事件」公取委昭和45年1月21日勧告審決・審決集16巻136頁）．また，2条6項にいう「相互拘束」と「共同遂行」の関係をめぐる解釈問題は本号の適用には影響しない．それゆえ，一つの行為について「不当な取引制限」と本号違反との両方が同時に成立することがある．

　　＊「石油価格カルテル刑事事件」（最高裁昭和59年2月24日判決・刑集38巻4号1287頁）では，「独禁法上処罰の対象とされる不当な取引制限行為が事業者団体によって行われた場合であっても，これが同時に右事業者団体を構成する各事業者の従業者等によりその業務に関して行われたと観念しうる事情のあるときは，右行為を行ったことの刑責を事業者団体のほか各事業者に対して問うことも許され，そのいずれに対し刑責を問うかは，公取委ないし検察官の合理的裁量に委ねられていると解すべきである」と判示される．

　競争の実質的制限は，通例，事業者団体の構成事業者間の競争について成立する取引分野において問題となるが，それに限られない．例えば，メーカーを構成事業者とする事業者団体が，代理店の販売価格を定めて，これを代理店に守らせるならば，代理店段階の競争の実質的制限に該当するかどうかの検討を要することになる．

- 同2号：第6条第1項に規定する国際的協定または国際的契約をすること

　本号該当の事例はいまのところない．本号は第6条の補完的規定である．わが国の国内市場の競争にとり，それを制限する影響を及ぼすときには，本号違反の可能性がある．

- 同3号：一定の事業分野における現在または将来の事業者の数を制限すること

　事業者団体が，一定の事業分野における事業者数を限定して，その事業分野への新規参入を阻止し，または既存の事業者を排除することによって当該事業

分野の事業者数を制限することが，本号に該当する．

「一定の事業分野」とは，「一定の取引分野」と異なり，一群の競争関係にある売り手または買い手のいずれか一方の事業活動の範囲を意味するが，もっぱら売り手（供給者）側の特徴に着目した概念であるとされる．対象となる「事業者」は，事業者団体の構成事業者と同一の事業分野に属している場合が多い．

「現在」の事業者数の制限とは，例えば既存の事業者に休業・廃業を強制することによって行われる．「将来」の事業者数の制限は，業界への参入阻止によって行われるが，通例，行為主体である事業者団体への加入制限・加入拒否によってなされる．

本号違反が成立するためには，事業者団体の行為により事業活動を行い得ないか，あるいはそのおそれが生じていることが必要である．事業者団体への加入制限・加入拒否それだけでは，本号違反とはならない．加入できなくても，アウトサイダーとして事業活動を行うことに何ら支障がない場合もあるからである．

一般に，事業者団体に加入しないと事実上事業活動を行うことが困難となる状況の下で，事業者団体への加入を認めない場合や，事業者団体から除名する場合が本号に該当する（「観音寺市三豊郡医師会事件」東京高裁平成13年2月16日判決・判時1740号13頁）．また，事業者団体が間接の取引拒絶を用いて事業者の数を制限する場合（「第一次滋賀県生コンクリート工業組合事件」公取委昭和58年9月30日同意審決・審決集30巻50頁）も本号に該当する．さらには，事業者団体がアウトサイダーの製造設備を買い上げて廃棄したり，アウトサイダーに製造販売の中止や製造設備の設置を中止させたりすることにより事業者の数を制限する場合（「第二次滋賀県生コンクリート工業組合事件」公取委平成5年11月18日勧告審決・審決集40巻171頁）にも本号に該当する．

　　＊一定の事業分野の事業者数の制限によって，一定の取引分野の競争が実質的に制限されれば，1号違反となる．したがって3号は1号の補完的な規定である．

　• 同4号：構成事業者の機能または活動を不当に制限すること

事業者団体が，構成事業者の事業活動に関して制限を加え，公正かつ自由な競争を阻害することが，一般的に本号に該当する．

「機能」とは活動能力を意味し，その外部への発現が「活動」と捉えられる．

しかし本号の適用にはその区別は特に意味を持たない．制限の対象となるのは，一切の機能・活動である．また，「不当に」制限することが禁止されるのであるから，すべての制限が禁止されるのではない．ここに「不当」とは，公正な競争を阻害するおそれが生じたときと解されている．

例えば，価格制限であっても，構成事業者の市場占有率が低い場合（「岡山県被服工業組合事件」公取委昭和48年6月29日勧告審決・審決集20巻41頁）には，カルテルの実効性が乏しかったとみられ（本件構成事業者の合計市場占有率は約13～27％であった），1号ではなく本号が適用されている．もっとも，本件でも構成事業者の合計市場占有率が50％以上の衣類については1号が適用されている．つまり，一定の取引分野の競争を実質的に制限するに至れば（50％以上）1号違反となる．したがって，4号は1号の補完的規定である．

制限の方法・手段は問わない．価格以外の制限行為には，取引先の制限，販売促進手段の制限，販売地域の制限，店舗などの施設の制限などがある．

取引先制限はアウトサイダーの排除を目的とするときは，取引拒絶（ボイコット）の方法がとられる．

- 同5号：事業者に不公正な取引方法に該当する行為をさせるようにすること

事業者団体が，事業者（構成事業者以外の事業者も含まれる）に，不公正な取引方法に該当する行為をさせるようにすること（強制または働きかけ＝勧奨）が，本号に該当する．

これまで5号該当とされた事例のほとんどは，間接のボイコットに関するものである．典型的には，特定の非構成員を市場から駆逐するため，構成事業者の取引相手に対して，当該非構成員と取引する場合には取引拒絶する旨の脅しをかけて，当該非構成員との取引を拒絶させる場合である（「第二次滋賀県生コンクリート工業組合事件」）．

日本遊戯銃協同組合事件（前述）では，間接の共同ボイコットをさせるようにしたものと法律構成した．

そのほか，安売り業者に対して出荷停止等の不利益措置を講じるようその取引先に圧力を加える行為（「神奈川雪印牛乳協会湘南西支部事件」公取委昭和46年11月4日勧告審決・審決集18巻115頁＝百選（第2版）63事件）も本号に該当する．

《参考》
◆事業者団体ガイドライン

上述のように，事業者団体の禁止行為は多様な行為を含み，どのような行為が禁止の対象に入ることになるのか必ずしも明らかでない場合も多い．ガイドラインはそのような問題に応えるため，具体的活動の例を挙げ，独占禁止法違反の防止を図っている．

＊事業者団体ガイドラインは，事業者団体による事業者の事業活動の制限内容を4類型に分類している．

[第1類型] 事業者が供給しまたは供給を受ける商品・役務の価格，数量，取引に係る顧客・販路，供給のための設備等についての制限，および新規参入の制限または既存事業者の排除

[第2類型] 商品・役務の種類，品質，規格等や営業の種類，内容，方法等についての制限

[第3類型] 情報活動，経営指導および共同事業

[第4類型] 公的規制，行政等に関連する行為

- 価格制限行為については，価格等の決定と再販売価格の制限が挙げられ，具体的には，最低販売価格の決定，値上げ率等の決定，標準価格等の決定，共通の価格算定方式の設定，需要者渡し価格等の決定，団体による価格交渉を挙げている．また，価格制限行為とその実施を確保するための行為として，価格制限行為への協力の要請，強要等，安値品の買い上げ，価格制限行為の監視のための情報活動が挙がっている．
- 数量制限行為については，原材料の購入制限等による数量の制限と，数量の限度を示唆する基準の設定による数量の調整を例示する．
- 顧客・販路等の制限行為としては，取引先の制限，市場分割，受注の配分および受注予定者の決定（入札談合を含む）等を挙げる．
- 設備，技術等の制限行為としては，設備の新増設等の制限，技術の開発または利用の制限を挙げる．
- 参入制限行為等としては，参入制限，商品・役務の供給制限，商品・役務の取扱い制限，不当な加入制限または除名を挙げる．そして不当な加入制限に当たるおそれが強い行為として，過大な入会金等の徴収，店舗の数の制限等，直接的な競合関係にある事業者の了承等，国籍による制限を挙げている．
- 種類・品質，規格等に関しては，① 競争手段を制限し需要者の利益を不当に害するものではないか，② 事業者間で不当に差別的なものではないか，の判断基準に照らし，③ 社会公共的な目的等正当な目的に基づいて合理的に必要とされる範囲内のものかの要素を勘案しながら判断するとされる．具体的に違反となるおそれがある行為として，特定の商品等の開発・供給の制限，特定の販売方法の制限，表示・広告の内容，媒体，回数の限定等，差別的な内容の自主規制，自主規制等の強制，自主認証・認定の利用の制限を挙げる．そして原則として違反とならない行為として，規格の標準化に関する基準の設定，社会公共的な目的に基づく基準の設定，消費者の商品選択を容易にす

る基準の設定，取引条件の明確化のための活動を挙げる．
- 情報活動については，特段，独占禁止法上問題となることがないことを前提に，例外的に違反となるおそれのある場合として，競争関係にある事業者間において，現在または将来の事業活動に係る価格等重要な競争手段の具体的な内容に関して，相互間での予測を可能にするような効果を生ぜしめる場合を挙げ，重要な競争手段に具体的に関係する内容の情報活動は違反となるおそれがあると指摘する．また，このような情報活動を通じて構成事業者間に競争制限に係る暗黙の了解若しくは共通の意思が形成され，またはこのような情報活動が手段・方法となって競争制限行為が行われていれば，原則として違反となる，とする．
- 情報活動と独占禁止法との関係を示す具体的な例示の中で，違反となるおそれがある行為として，構成事業者が供給し，または供給を受ける商品・役務の価格または数量の具体的な計画や見通し，顧客との取引や引き合いの個別具体的な内容，予定する設備投資の限度等，各構成事業者の現在または将来の事業活動における重要な競争手段に具体的に関係する内容の情報活動を挙げる．他方，原則として違反とならない行為として，消費者への商品知識等に関する情報の提供，技術動向，経営知識等に関する情報の収集・提供，事業活動に係る過去の事実に関する情報の収集・公表，価格に関する情報の需要者等のための収集・提供，価格比較の困難な商品・役務の品質等に関する資料等の提供，概括的な需要見通しの作成・公表，顧客の信用状態に関する情報の収集・提供を挙げている．
- 経営指導について，違反となるおそれがある行為として，統一的なマークアップ基準等を示す方法による原価計算指導等を挙げる．また，原則として違反とならない行為として，知識の普及および技能の訓練，個別的な経営指導，原価計算の一般的な方法の作成等を挙げている．
- 共同事業について，違反となるおそれがある行為として，共同販売等，共同運送・共同保管，共同事業への参加の強制等を挙げる．他方，原則として違反とならない行為としては，参加事業者の市場占有率の合計が低い共同事業，顧客の利便等のための共同事業，競争への影響の乏しい共同事業を挙げる．
- 公的規制，行政等に関連する行為について，許認可・届出等に関連する制限行為として原則として違反となるものに，許認可申請等の制限，幅認可料金の幅の中における料金の収受に関する決定，認可料金以下の料金の収受に係る決定，届出料金等の収受に係る決定を挙げる．その他，公的業務の委託等に関連する違反行為として，公的業務を伴う事業活動における不当な拘束等と公的業務の実施等に際しての制限行為を挙げている．

第7章　不公正な取引方法の禁止

第1節　不公正な取引方法の位置付け

　独占禁止法19条は，事業者による不公正な取引方法の実施を禁止する．そして独占禁止法2条9項で，不公正な取引方法について定義している．それによれば，同項の1号から6号のいずれかに該当する行為をいう，とされる．これには課徴金の対象となる法定行為類型（1号～5号）と，「公正な競争を阻害するおそれ（公正競争阻害性）」があるもののうち，公正取引委員会が指定するもの（6号）がある．

　不公正な取引方法は，私的独占および不当な取引制限と並んで，独占禁止法が禁止する行為の三本柱の一つである．では，不公正な取引方法は他の二本の柱に対してどのような位置付けとされるのか．

　私的独占や不当な取引制限は，競争制限的行為による対市場効果，すなわち，「一定の取引分野における競争の実質的制限」を以て規制が開始される．しかし独占禁止法の機動的な運用の実現のためには，それだけでは不十分である．事業者の側としては，競争の実質的制限に至らない段階での，競争制限的行為の実施を戦略として採用するからである．もしこれをそのまま放置すれば，規制の対象とならない競争制限的行為が市場に蔓延し，いつしか市場のあるべき競争秩序が破壊されるという事態に陥ることになる．競争の歪曲化を阻止するには，私的独占や不当な取引制限の禁止だけでは足らず，その間隙を縫って実施される競争制限的行為をも規制の対象としなければならないのである．

　独占禁止法が不公正な取引方法を「第三の柱」として掲げるのは，以上のような事態に対処するためで，これにいわば私的独占と不当な取引制限を補完する役割を担わせているのである．このことは，法文上，「公正な競争を阻害するおそれ」とあることからも読みとれることであって，私的独占や不当な取引

制限の「結果」を待つのではなく，不公正な取引方法の規制には，その「おそれ」を阻止しようとする予防的機能を期待しているわけである．

このように，不公正な取引方法の補完機能・予防機能を通じて，私的独占や不当な取引制限では十分に捕捉できない部分を取り上げることができるようになっているのである．

ところが，わが国の独占禁止法の運用状況をみると，入札談合等のカルテル規制と並んで，不公正な取引方法の禁止規定は最も活用されている条項である．審決件数も19条違反事件が最も多いのである．前述のように本来，私的独占や不当な取引制限の補完的規定に過ぎなかった19条が最も多く発動されているところに，わが国の独占禁止法運用の特色があり，さらにその運用強化が内外から要求される所以でもある．

不公正な取引方法の運用に際しては，公正取引委員会が公表するガイドラインが果たす役割を無視することはできない．ガイドラインは，法的拘束力を有するものではないが，事業活動の種類毎に具体的な行為規範を示すことにより違反行為の未然防止を図る意図のもとに公表されてきた．

不公正な取引方法に関連する現行ガイドラインには，①「不当廉売に関する独占禁止法上の考え方」(昭和59年11月20日)，②「不当な返品に関する独占禁止法上の考え方」(昭和62年4月21日)，③「流通・取引慣行に関する独占禁止法上の考え方」(平成3年7月11日)，④「特許・ノウハウライセンス契約に関する独占禁止法上の考え方」(平成11年7月30日)，⑤「フランチャイズ・システムに関する独占禁止法上の考え方」(平成14年4月24日)，⑥「役務の委託取引における優越的地位の濫用に関する独占禁止法上の考え方」(平成16年3月31日) がある．

独占禁止法2条9項によれば，不公正な取引方法とは，公正取引委員会が「指定」するものをいうとされる．ここで「指定」とは，議会が公正取引委員会に前述の所定の要件を充足するものの中から必要と認める行為類型を立法する権限を与えたもの (委任立法) で，現行法上は，公正取引委員会告示18号 (平成21年10月28日) により指定されたものが不公正な取引方法の違法行為類型である．公正取引委員会には，このように特定の行為を不公正な取引方法として指定する権限が付与されている．これは公正取引委員会の「準立法的権限」として位置付けられている (そのほかに規則の制定がある．独禁法76条)．このような方式がとられたのは，① 事業者の予見可能性を高めるためと，② 指定にかかる告示の制定・改正を通じて，経済の実態の変化や個別の業種の特殊性に

的確に対処するためである．

この「指定」には二種類ある．特殊指定と一般指定である．

特殊指定は事業分野を限った指定で，大規模小売業による納入業者との取引における特定の不公正な取引方法，新聞業，特定荷主が物品の運送または保管を委託する場合の特定の不公正な取引方法について指定されている．この場合，公正取引委員会は，規制を受ける可能性のある事業者等の意見を聴き，かつ，一般の人々の意見を求めたうえで，告示を出さなければならない（独禁法71条）．

一般指定は，業種のいかんにかかわらずすべての事業者に一般的に適用されるものである．平成21年に全面改定され現在に至っており，15項目からなる．

特殊指定は一般指定に優先して適用され，両者はいわば一般法と特別法の関係にある．通常，不公正な取引方法というとき一般指定に列挙された行為を指す．したがって，以下では一般指定に従って主な不公正な取引方法の内容をみていく．

第2節　定義規定と一般指定

独占禁止法2条9項は，定義規定として1号から6号において，不公正な取引方法に該当する行為を掲げている．一般指定はこれをさらに細分化して，前述のように，15項目用意している．

定義規定各号と一般指定との対応関係を以下のようにまとめておく．

法2条9項	差別的取り扱い		一般指定	公正競争阻害性
1号・6号イ	共同の取引拒絶		1項	自由競争減殺
	その他の取引拒絶		2項	自由競争減殺
2号・6号イ	差別対価		3項	自由競争減殺
	取引条件等の差別的取扱い		4項	自由競争減殺
	事業者団体における差別的取扱い等		5項	自由競争減殺
	不当対価			
3号・6号ロ	不当廉売		6項	自由競争減殺
	不当高価買入		7項	自由競争減殺
	顧客の奪取			
6号ハ	欺瞞的顧客誘引		8項	競争手段の不公正
	不当な利益による顧客誘引		9項	競争手段の不公正
	抱合わせ販売等		10項	競争手段の不公正

	不当拘束		
4号・6号ニ	再販売価格の拘束		自由競争減殺
	排他条件付取引の拘束	11項	自由競争減殺
	拘束条件付取引	12項	自由競争減殺
	取引上の地位の不当利用		
5号	優越的地位の濫用		自由競争基盤侵害
6号ホ	取引の相手方の役員選任への不当干渉	13項	自由競争基盤侵害
6号ヘ	競争者に対する取引妨害	14項	競争手段の不公正
	競争会社に対する内部干渉	15項	競争手段の不公正

　なお，独占禁止法とは別に，「不当景品類及び不当表示防止法」が2条9項の6号ハを補う役割を果たしており，また，「下請代金支払遅延等防止法」が同5号を補完する機能を果たしている．それぞれ独占禁止法の特別法として位置付けられる．

　以上，繰り返しとなるが，不公正な取引方法違反の構成要件は，指定された違法行為類型に該当し，公正競争阻害性のあることの二つである．次に，公正競争阻害性についてみる．

第3節　公正競争阻害性

　独占禁止法2条9項6号は，公正取引委員会が不公正な取引方法として指定する場合には，「公正な競争を阻害するおそれ（＝公正競争阻害性）」のある行為であるべきことを規定している．したがって，「不公正な取引方法」という言葉それ自体は具体的な内容を示すものではなく，この「公正競争阻害性」が違法性の基本的な判断基準となるものである．

　一般指定された各行為類型をみると，「正当な理由がないのに」，「不当に」，「正常な商慣習に照らして不当に」という用語が用いられているが，これらは公正競争阻害性を意味するものである．

　これらの用語の基本的な使い分けをみると，①「正当な理由がないのに」が用いられている行為については，かかる文言を除いても残りの文言それだけで「公正競争阻害性」を有するものとされる．すなわち，かかる行為については，原則として「違法」とされる．

　②「不当に」，「正常な商慣習に照らして不当に」が用いられている行為につ

いては，かかる文言を除いた残りの文言だけでは「公正競争阻害性」を認めがたいものとされる．したがって，個別具体的に「公正競争阻害性」を判断する必要があり，かかる行為については，原則として「適法」とされる．

ところで，「公正競争阻害性」の解釈をめぐっては議論のあるところである．まず議論の前提を確認しておくと，「公正な競争を阻害するおそれ」とは，公正な競争を可能とする条件が破壊されることを意味する．しかも「おそれ」とあるところから，かかる結果が現実に発生することまでを必要とせず，その抽象的蓋然性があれば足りるとされる．問題は「公正な競争」とは何か，そしてそれを可能にする条件は何かである．

「公正競争阻害性」をめぐる議論の契機となったのは，2条9項5号の「取引上の地位の不当利用（「優越的地位の濫用」）」の位置付けをめぐってであった．

第一説は，公正な競争を「能率競争（業績競争）」と把握し，それを阻害する（おそれのある）ことを公正競争阻害性として捉える．ここにいう「能率競争」とは，良質廉価な商品・役務の提供を手段とする競争のことである．この説では，公正競争阻害性が認められるのは，具体的には次の二つの場合であるとされる．すなわち，①取引方法自体が非難に値し，それを放任することが公正な競争を維持していく上で好ましくない場合と，②自由な競争を困難にするような経済力の集中または特定の事業者の市場からの排除を生ずる場合である．

第二説は，独占禁止法が目指す競争の状態を「公正な競争」と解する点では，第一説と同じである．そして本説は「公正な競争」を，競争参加者が自主的な判断に従って事業活動を行い得る状態が保たれていることと捉える．すなわちかかる状態とは，市場における事業者性を前提に，事業者の能率性，商品・役務の価格・品質をめぐって繰り広げられる自由な競争の行われている状態をいう．そして，これらの条件に対する侵害，すなわち，事業者の自主的な競争機能の自由な行使に対する阻害や，事業者の事業者性を否定するような競争方法の利用に公正競争阻害性が求められている．端的にいえば，「事業者の自由な活動に対する抑圧の状態」と解される．

以上の第一説と第二説とは対立するものではなく，市場における競争に対する阻害を別々の角度から捉え，接近しようとしたものであるとみるのが妥当である．

それで，第三説は第一説と第二説とを有機的に結合しようと考える立場である．すなわち，公正な競争の要素として，①「自由な競争の確保」，②「競争

手段の公正さの確保」そして③「自由競争基盤の確保」を掲げる．①は，事業者相互間の自由な競争が妨げられていないことおよび事業者がその競争に参加することが妨げられていないこと（競争の減殺がないこと）をいう．また②は，自由な競争が価格・品質・サービスを中心としたものであること（つまり，能率競争）により，自由な競争が秩序づけられていることである．そして最後に③は，取引主体が取引の諾否および取引条件について自由かつ自主的に判断することによって取引が行われているという，自由な競争の基盤が保持されていることをいう．本説は，以上の三つの要素からなる条件のいずれかが侵害されたときには，公正な競争が阻害されたものと把握することになる．

第三説は，昭和57年に公表された「独占禁止法研究会報告書」において主張された考え方に依拠するものであり，今日の通説的見解である．

今日，いずれの学説も，公正競争阻害性を統一的・一元的に把握することはできないとの共通の認識に立っているものと思われ，その意味で第三説の構成の仕方は妥当である．それは，公正競争阻害性を可能な限り多面的に把握することが望ましいからである．

では，第三説に依拠したとき独占禁止法2条9項の各号は上記①〜③のいずれに分類することができるか．①には，2条9項の1号，2号，3号，4号および6号ニ（共同の取引拒絶，差別対価，不当廉売，排他条件付取引，再販売価格維持行為および拘束条件付取引）が該当し，②には，2条9項の6号ハおよびヘ（欺瞞的顧客誘引，不当利益誘引，抱き合わせ販売，取引妨害および内部干渉）が該当する．そして③には，2条9項5号および6号ホ（優越的地位の濫用）が該当する．

第4節　公正競争阻害性と社会的不当性，権利濫用・公序良俗との関係

1　社会的不当性との関係

独占禁止法上の公正競争阻害性には，社会通念上の公正さ，社会的反倫理性を含むか．独占禁止法2条9項は，「公正な競争」と規定する．すなわち，競争とともに「公正さ」も追求している．そうであれば，社会的に妥当な目的を実現するための手段は，「公正さ」を有するものと判断される．今日の学説の大勢は，反倫理性や反社会性等の一般的不当性を以て不公正な取引方法の違反

要件とはせず，不公正な取引方法の実質的違反要件となるのは，公正競争阻害性のみであると解している．この問題に関連する最高裁判例に「都立芝浦屠畜場事件」（最高裁平成元年12月14日判決・民集43巻12号2078頁）がある．

この事件は，東京都が経営する都立屠畜場が廉価で屠殺を行うため，民営の屠殺業者が経営を圧迫されたとして，東京都を相手取った「不当廉売」を理由とした訴えである．

最高裁は，まず次のように一般論を述べた．すなわち，「原価を著しく下回る対価で継続して商品又は役務の供給を行うことは，企業努力又は正常な競争過程を反映せず，競争事業者の事業活動を困難にさせるなど公正な競争秩序に悪影響を及ぼすおそれが多いとみられるため，原則としてこれを禁止し，具体的な場合に右の不当性がないものを除外する趣旨で，旧指定（昭和28年制定）の5にいう『不当に』ないし（昭和57年改定）一般指定の6にいう『正当な理由がないのに』との限定を付したものであると考えられる．……右の『不当に』ないし『正当な理由がないのに』なる要件に当たるかどうか……は，専ら公正な競争秩序維持の見地に立ち，具体的な場合における行為の意図・目的，態様，競争関係の実態及び市場の状況等を総合考慮して判断すべきものである」．

このように述べた後，本件については，「被上告人の意図・目的……屠畜場事業の競争関係の実態，ことに競争の地理的範囲，競争事業者の認可額の実情，屠畜場市場の状況，上告人の実徴収額が認可額を下回った事情等を総合考慮すれば被上告人の前示行為は，公正な競争を阻害するものではないといわざるを得ず，旧指定の5にいう『不当に』ないし（昭和57年改訂）一般指定の6にいう『正当な理由がないのに』した行為に当たるものということはできない」とした．

最高裁の見解としては，原価を下回る価格での販売であっても，一定の妥当な社会的目的達成のための行為は公正競争阻害性を欠くという判断を示している．これは，あくまで抽象的・一般論的レベルでの判断であり，この最高裁判決をめぐってもまだ学説は分かれている．

この他，機器の安全性確保の必要性が，公正競争阻害性を欠くかどうかが争われた事例として「東芝エレベーターテクノス事件」（大阪高裁平成5年7月30日判決・判時1479号21頁）がある．

2 権利濫用・公序良俗との関係

法2条9項5号にいう「優越的地位の濫用」に対する規制と民法90条の「公序良俗」あるいは同1条2項，3項の「信義則」，「権利の濫用」とはどのような関係に立つかも問題となる．優越的地位の濫用それ自身が，競争とは無関係のようにみえ，単純に経済的強者による経済的弱者に対する抑圧的行為のようにみられるからである．

優越的地位の濫用規制をいかにして競争と結び付けて説明するかについては，種々議論のあるところである．一応の整理を試みると，優越的地位の濫用規制は，何らかの意味での競争との関係を考慮に入れたものである．単純な弱者の保護を意図したものではない．濫用行為の対象は，確かに相対的には（経済的な意味などにおいて）弱者であるが，独占禁止法は直接かかる弱者の利益を保護するものではない．市場における競争の全体的状況において，個別具体的な事案の中で，当該濫用行為を受け入れざるを得ない状況を捉えて，公正競争阻害性があると判断することになる（したがって，2条9項5号にいう「濫用」の判断基準を「公序良俗」に求める必要はない）．

以上のように整理することができるが，これは民法規定との関連性を全面的に否定するものではなく，市民法秩序と独占禁止法のめざす競争秩序とは相互に補完し合う関係も有しているのである．

第5節　不当な差別的取扱い

1　はじめに

独占禁止法2条9項6号イは，「不当に他の事業者を差別的に取り扱うこと」を掲げ，この類型の不公正な取引方法として，2条9項1号・2号および一般指定1項から5項までが定められている．

＊1号，1項：共同の取引拒絶，2項：その他の取引拒絶，
　2号，3項：不当な差別対価，4項：取引条件等の差別的取扱い，
　　　5項：事業者団体等による差別的取扱い

取引拒絶は，差別的取扱いの究極と考えられるので，ここで取り扱われる．
差別的取扱いにおける公正競争阻害性は，「自由競争侵害（競争の減殺）」に当たる（後述の不当性参照）．

2 取引拒絶

これは，事業者が単独であるいは複数で，取引の相手方との間の取引を拒絶するか，制限すること，さらに他の事業者に対して相手方との取引を拒絶させることである．

* 行為の形態
  (1) 実施主体による分類
     ① 単独の取引拒絶，② 共同の取引拒絶，③ 事業者団体による取引拒絶
     ★②と③は複数の事業者による拒絶であるが，③は事業者団体という組織的な行為であり，適用法条も事業者団体に関する8条5号である点で独自の形態とされる．
  (2) 実施主体が自ら拒絶を実施するか否かによる分類
     ① 直接的（第一次的）取引拒絶，② 間接的（第二次的）取引拒絶

3 共同の取引拒絶（2条9項1号，一般指定1項）

これは，共同ボイコットとも呼ばれる．「自己」と競争関係にある他の事業者と共同して，所定の行為をすることである．

1号イ：ある事業者に対し供給を拒絶しまたは供給に係る商品もしくは役務の数量もしくは内容を制限すること（共同の直接の取引拒絶）
同ロ：他の事業者にイに該当する行為をさせること（共同の間接の取引拒絶）
一般指定1項1号：ある事業者から商品もしくは役務の供給を受けることを拒絶し，または供給を受ける商品もしくは役務の数量もしくは内容を制限すること
同2号：他の事業者に1号に該当する行為をさせること

イは，行為者の取引の相手方に対してなされる行為である．
例　① 通常の流通経路によらないで直売する生産業者もしくは卸売業者に対して，中間業者が共同で取引拒絶する場合（供給の受け入れ拒絶）は，一般指定1項の適用対象となる．
　　② 既存業者の利益を守るために卸売業者および小売業者の団体が，それぞれの団体の非加盟業者との取引を拒絶する場合（供給の拒絶）は，2条9項の適用対象となる．
ロ，2号は，行為者の取引の相手方に対し，取引拒絶させることである．
例　販売業者が共同して，取引の相手方である生産業者に対し，安売り業者

との取引を拒絶させる場合（供給の拒絶）は，2条9項の適用対象となる．

4　共同の取引拒絶における不当性

これは，自己と競争関係にある事業者との共同によって，市場における競争を直接的に制限する行為である点に不当性を認めることができる．すなわち，一定の事業者が結合して取引拒絶を実施することにより，その被拒絶者は当該市場における取引先選択の自由を制限されるばかりでなく，市場から閉め出される可能性が極めて高い．その上，共同の取引拒絶に加わっている事業者も相互に取引先選択の自由を制限されることを考慮する限り，その不当性は強いものである．

> ＊「流通・取引慣行に関する独占禁止法上の指針」（平成3年7月11日公表）によれば，「共同の取引拒絶」は，市場の開放性（事業者の市場への参入の自由・市場からの撤退の自由）を直接的に侵害するものであり，競争維持政策的観点からは極めて悪質なものであることを前提としている．

従来，同指針のもと，公正取引委員会の検討によれば，市場における競争を実質的に制限する場合には，独占禁止法3条を適用して，これを「不当な取引制限」として認定することを明らかにしている．これにより，従来不公正な取引方法として扱われてきた共同の取引拒絶を「不当な取引制限」の行為として認定できることになり，刑事罰の適用，課徴金の納付命令が可能となるとされていたが，平成21年の改正により，商品・役務の「供給」について課徴金の対象とされた．

> ＊共同の取引拒絶に参加する事業者の数や市場におけるシェア・順位，被拒絶者の数や市場における地位，商品・役務の特性，差別化の有無・程度などを総合的に判断して，共同の取引拒絶でも被拒絶者を市場から排除するとはならない場合もある．

5　正当な理由が認められる場合

① 自主基準に基づく取引拒絶

手形交換所の取引停止処分は，手形制度の信用維持を図るという公益目的に資することから，独占禁止法違反とはならないとされた（東京高裁昭和58年11月17日判決・金判690号4頁）．

エアーソフトガン等の製造業者の事業者団体が，自主基準を設定し，問屋等に対して自主基準に違反する非構成事業者の製品を取り扱わないように要請した行為が問題となった事案で，「自主基準設定の目的が，競争政策の観点から見て是認しうるものであり，かつ，基準の内容及び実施方法が右自主基準の設定目的を達成するために合理的なものである場合には，正当な理由があり，不公正な取引方法に該当せず，独禁法に違反しないことになる余地がある」とされた（東京地裁平成9年4月9日判決・判時1629号70頁）．

② 広告基準の場合

倫理綱領に反する広告の掲載を新聞業界が自主規制しており，それに基づき掲載を拒絶する場合には正当な理由があるとされる．本体取引とは別の広告取引に関するものであるので，自主基準による取引拒絶は認められやすい．

6 単独の取引拒絶（一般指定2項）

(1) 行為要件および不当性

単独の取引拒絶とは，「不当に，ある事業者に対し取引を拒絶し若しくは取引に係る商品若しくは役務の数量若しくは内容を制限し，又は他の事業者にこれらに該当する行為をさせること」である．一般指定1項が「共同の」取引拒絶であった点を除けば，2項についても行為要件は異なるところはない．ただ1項は「自己と競争関係にある他の事業者」との共同行為であるから，競争関係にない事業者との共同行為の場合は，2項の対象となる．

一般的には取引相手選択の自由の原則のもと，取引拒絶そのものが禁止されることはない．

(2) 取引拒絶が不当であるとされるもの

① 独占禁止法違反とされるような不当な目的を実現するための手段として取引拒絶が実施される場合．

　　＊違法な排他約款付特約店契約（他メーカーのチェーン組織への加入禁止，他メーカーの商品の販売禁止・広告禁止）を結び，その契約条項に違反する取引相手に対して取引を拒絶するもの……第二次大正製薬事件（公取委昭和30年12月10日勧告審決・審決集7巻99頁）

　　＊＊メーカーが廉売する小売業者から自己の製品の値崩れを防止するために卸売業者に対して当該小売業者との取引を拒絶させ，それに従わない卸売業者に対して取引

を拒絶するもの……日本水産事件（公取委昭和39年11月7日勧告審決・審決集12巻146頁）

② 独占的地位にある事業者による取引制限の結果として競争者の事業活動を困難にさせるおそれのある場合．

＊市場占有率80％を占める大阪ブラシ工業協同組合による取引拒絶（公取委昭和30年9月20日審判審決・審決集7巻20頁）

＊＊農林中金が雪印乳業および北海道バターに原乳を供給しない酪農家に乳牛導入資金の融資を拒絶した場合（公取委昭和31年7月28日審判審決・審決集8巻12頁）

有力な事業者による合理的理由のない取引拒絶で，取引拒絶された事業者が代替取引先を容易に見出し得ない場合は不当性ありとされる．

総じて，公正競争を阻害することは，消費者にとっての不利益という形で現れる．

7　取引条件等の差別的取扱い（一般指定4項）

(1)　価格以外の取引条件

取引条件に関する差別的取扱いの最も直接的なものは，価格差別である．これについては2条9項2号，一般指定3項に定められている．一般指定4項は価格以外の取引条件に関する差別的取扱いを取り上げる．

- ●取引の条件…取引の対象となる商品の品質，規格，取引数量，決済条件，支払条件，引渡条件，取引時期（時間），運送条件，販売促進費，リベート等を指す．
- ●取引の実施…取引の条件とまではなっていないが，取引に伴って決定されるもの
  　a）運送の順序，b）売れやすい商品を優先的に販売すること，c）商品の陳列を有利に扱うことなど

(2)　不当性

事業者が取引に際して，いかなる取引条件を付すかは，本来，自由であり，すべての事業者が競争上有利な地位を得るために取引の相手方によって取引条件に何らかの差を付すことは一般的である．しかし，取引条件等の差別的取扱いが競争秩序を乱す場合には不当なものとして禁止されることとなる．

この場合の公正競争阻害性は，差別的取扱いそれ自体が競争秩序に悪影響を及ぼすことではない．
　① 行為者と競争者間の競争秩序ばかりでなく取引の相手方の競争秩序に対して弊害をもたらす場合，② 独占禁止法に違反するような目的の実現のための手段として用いられている場合に，公正競争阻害性が見出される．

　問題となるものとして，リベート（rebate）がある．これは「割戻金」と呼ばれるもので，通常の価格体系とは別に，一定期間中の取引高や自己に対する忠誠度・協力度などを基準として相手方に支払う金銭をいう．リベートは価格の引き下げと同じ効果をもたらすが，その主たる目的は，価格競争を回避して販売業者を統制することである．
　リベートの不当性については，違法な再販売価格維持契約や専売契約を遵守した者にのみ支給する場合，特定の取引相手のみに有利に支給する場合に問題となる．
　① 実態
　リベートはわが国において多様に利用されているが，外国事業者にとってはこのような慣行に乏しいため，わが国の市場への参入の際の障壁の一つになっていると指摘される．前述のように，リベートとは，割戻しとか払い戻しの意味が本来の意であるが，わが国ではもっと広い範囲での金銭の授受を指している．したがって，わが国におけるリベートとは，個々の取引における直接的な対価とは別に，取引に関連して，取引先に支払われる金銭上の給付を広く指すといえる．
　② リベートの目的
　商品の対価の純粋な値引きのケースが本来あるべきリベートの目的であるが，これが「建値（取引所の受渡標準値段）制」を維持しながら，現実の取引価格の決定額との調整に使われる場合が，日本的取引慣行として問題とされる．
　③ （経営）政策的使われ方
　(i) あらかじめ合意された目標金額や目標数量に到達した場合に支払われる「目標達成リベート」
　(ii) 取引金額や取引数量に対応して支払われる「数量リベート」
　(iii) 定められた決済条件の達成状況に応じて支払われる「決済リベート」
　(iv) 自社製品の販売高や販売シェア・協力度に応じて支払われる「貢献度リ

ベート」

　リベートに対する法規制としては標題の一般指定4項のほか，価格についての差別的取扱いであるので2条9項2号および一般指定3項の場合や，事業者団体内部における差別的取扱いとして一般指定5項の対象となる場合があるが，リベートを顧客に対する不当な誘引とみれば一般指定8項に該当する．その他，独占禁止法の各種行為の手段として機能しているとみれば，一般指定11項，12項違反として処理することもできる．賛助金型のリベートについては，2条9項5号，6号ホによって規制することができる．

　前記「流通・取引慣行ガイドライン」によれば，(イ)極めて高額または累進的である場合，(ロ)支払基準が明示されず，恣意的または差別的に扱われる場合，(ハ)違法目的のため等の場合には違法性が極めて強いとされる．

　また，リベートが外国事業者商品を排斥するための手段として使われるならば，不公正な取引方法として取締りを受ける可能性がある．

8　事業者団体における差別的取扱い等（一般指定5項）

　本指定は，事業者団体および共同行為の構成員（参加者）には加入・脱退の自由が保障されていなければならないことと，団体は構成員を平等に取り扱わなければならないことが要請されることを基礎としている．

　事業者団体の競争制限的行為は，一般的には独占禁止法8条によって規制される．本項は，事業者団体が事業者として活動している場合を問題とする（本項の名宛人は事業者であり，事業者団体が19条違反に問われることはない）．

　　＊ここでの「共同行為」は不当な取引制限に該当しない場合，あるいは適用除外を受けている場合とされる．

　事例としては，浜中村主畜農業協同組合事件（百選（6版）67事件）があるくらいで，事業者団体が19条違反を問われることは通常ないことである．

　差別対価（2条9項2号，一般指定3項）は，不当対価（2条9項6号ロ，一般指定6項・7項）と併せて取り上げる．

第6節　差別対価・不当対価
　　　　（法2条9項2号，3号，一般指定3項，6項，7項）

1　差別対価（概要）

　差別対価は，独占禁止法2条9項2号のほか，一般指定3項で規制される．
　これらによる差別対価には，地域によるものと相手方によるものとがある．さらに，行為主体が売り手であるか買い手であるかによる場合がある．したがって，差別対価の類型を考えると，①売り手による地域的差別対価，②売り手による相手方に対する差別対価，③買い手による地域的差別対価，④買い手による相手方に対する差別対価の四つが挙げられる．しかし，③，④は，買い手が売り手に対して競争関係にある他の買い手より差別的に有利な対価で供給させる場合であるので，これらは買い手が購買力に物を言わせて売り手に強要するのが一般的であると考えられる．したがって，法2条9項5号の優越的地位の濫用の問題とされる．
　対価も取引条件の一つであるが，一般指定は対価についての差別を3項で，それ以外の取引条件の差別を4項で定めている．ここでいう対価とは，経済的利益の給付に対し反対給付される経済的利益をいう（すなわち，現実に支払う価格を意味する）．ただ，4項の対象となるリベートや見本品等の現品添付の場合について問題となる．取引のつど数量に応じて支払われるリベートは，このリベートを控除した額が対価となる．また，給付対象と同じ現品が添付される場合も，実質的には値引きである．しかし，占有率リベート，忠誠度リベート，対象品とは異なる現品（景品）の添付のときは，対価とみることは困難である．この場合は，一般指定4項の「取引の条件又は実施」に当たる．
　一般指定4項が相手方を事業者に限定しているのに対し，3項は事業者に限定していない．これは，差別対価が行為者の競争相手に対し直接持つ影響を問題にするためである．すなわち，対価を含む取引条件の不当な差別は，行為主体とその競争者間の競争と，行為主体の相手方とその競争者間の競争との双方に放置しておくことのできない悪影響を及ぼす，いわば「競争の侵害」として受けとめられるからである．そこで差別対価について，競争政策の問題としては，歴史的にみると，差別的な低価格販売戦略（とくに地域的差別価格の問題）として登場した．すなわち，別の地域で市場支配力を有する事業者が，競争相

手のいる地域の市場でのみ不当に安い値段で販売するなどして，競争相手をその地域から排除する戦略方法である．3項はこのような行為をも対象とするために，相手方を限定しない差別的対価規制を設けたのである．

2 要　　件

差別対価が成立するためには，同一の事業者が同一の商品または役務について，地域または相手方により対価を差別して供給することが要件となる．

まず，同一の事業者によるものであることを要するが，法人格がまったく一つである必要はない．統一的な意思の下で事業活動が統括されていれば足りる．

次に，商品または役務の同一性であるが，これも物理的同一性を要せず，全体として実質的に同一であればよい．したがって，同質の商品を地域によって別のブランドで販売している場合も同一の商品と判断することができる．

そして，地域または相手方により商品または役務の対価に差があることを要するが，ここでいう「差別」とは，当該商品または役務の経済的価値に対していうのではなく，単純に買い手が支払った価格の「差」である．

ところで，地域によって市場価格が異なる場合に，それぞれの市場価格に対応する価格を設定すること，あるいは大量購入の取引先への種々の費用削減を反映した値引きなど，コストが異なる相手方に異なる価格を付けることは，当然許される．しかし，このような状況であるにもかかわらず同一の価格であることは，経済学的には価格差別があるといえる（三輪芳朗『独禁法の経済学』1982年，156頁）．この場合一般指定3項の行為要件に該当しないと考えるのかが問題となる．かかる場合も，3項の文言から対象となると解する立場が有力であるが，このような考え方であると，あまりに多くの価格設定行為が本項に形式的に該当することになるとの批判もある．

3 不 当 性

差別対価が公正な競争を阻害するか否かは，慎重な判断を要する．なぜなら取引に際して，当事者間の交渉によって価格に差異を生ずることになるし，価格差には競争を促進する側面もあるからである．

公正競争阻害性の判断に当たっては，差別対価が，①行為主体とその競争者間の競争に及ぼす影響，②行為主体の相手方事業者とその競争者間の競争に及ぼす影響，③独占禁止法違反行為の実効性確保手段になっているか否か，

以上が顧みられることになる.

①については, 競争者の事業活動が著しく困難になるとき, ②については相手方とその競争者間の競争が麻痺させられるとき, ③については例として価格協定の実効性確保手段になっているとき, 公正競争阻害性があるといえる.

逆に, 公正競争阻害性がないとされるのは, 価格差がコストの差によるとき, 取引条件の差異によるとき, 取引量の差によるとき, また市場の需給の変動という一般的な市場動向によって価格差を生じたときなどである.

*審決例
(イ) 第二次北国新聞社事件（東京高裁昭和32年3月18日決定・審決集8巻82頁, 百選57事件）

本件は地域による差別対価の事例であり, いわゆる地域的ダンピングの典型例である. これは, 行為者がある地域で既に市場支配的または有力な地位を獲得している場合, より競争的な地域または新規に参入しようとする地域においてより低い対価をつけることで, 競争上不当に有利になることをいう.

本事案は, 石川県を主たる販売地域とする北国新聞（同県内で60％以上のシェアを有する）と富山県を主たる販売地域とする富山新聞を発行販売する北国新聞社が1カ月の定価を北国新聞については330円, 富山新聞については280円としたことに対し, 新聞業における旧特殊指定に違反するとして, 公正取引委員会が緊急停止命令を申し立てたというものである. 東京高裁は両新聞を実質的に同一の新聞であると認定し, 石川県において有する北国新聞の優越的地位に基づく資力を富山新聞の低価格販売に投入する競争方法は, 正常な競争を破壊するものであるとした.

(ロ) 東洋リノリューム事件（公取委昭和55年2月7日勧告審決・審決集26巻85頁, 百選58事件）

本件は相手方に対する差別対価の事例である. 東洋リノリュームほか三社はビニタイルの価格協定, 生産調整を行うとともに, ビニタイル工事業協同組合の非組合員に対しては, 価格差別を行った. 公正競争阻害性は価格協定, 生産調整の実効性確保の手段という点と非組合員の競争上の地位の悪化に求められる.

4　不当対価（独占禁止法2条9項3号）（一般指定6・7項）

「不当な対価をもって取引すること」に該当する行為として, 一般指定は, ① 不当廉売, ② 不当高価買入の二つを定めている.

① 不当廉売（法2条9項3号, 一般指定6項）

価格競争は本来好ましいものである. しかしその競争は, 正常な価格での競

争でなければならない．正常な価格を著しく逸脱した低い価格で事業活動を行うことは，継続企業の見地に反し，かつ長期的に不可能である．それにもかかわらず事業者がこうした継続企業の見地とは相容れない行動に出るのは，自己の競争者を市場から駆逐することを目的としてのことである．

　ある事業者が，一時的な損失を覚悟の上で，競争者が対抗できないような低価格で販売して，競争者を市場から排除し，当該市場において得た独占的地位に基づく高価格で損失を補填しようとする価格設定行為を「略奪的価格設定行為（predatory pricing）」という．

　法2条9項3号は，「正当な理由がないのに，商品または役務をその供給に要する費用を著しく下回る対価で継続して供給」することによって，あるいは一般指定6項で，そのほか「不当に低い対価で供給」することによって「他の事業者の事業活動を困難にさせるおそれがある」とき，不当廉売であるとしている．

　したがって，法2条9項3号は，正当な理由がある場合に例外的に許されるにとどまり，原則的に公正競争阻害性があるとされる．他方，一般指定6項は，個別的に公正競争阻害性の有無が検討されることになる．これに該当する場合とは，前段の規制対象からはずれるが，なお公正競争阻害性が認められる廉売行為の場合である．例えば，価格が原価割れであるが，継続性の要件を欠く場合や，価格が原価以上であるが単に他の事業者の事業活動を困難にするだけにとどまらず，当該市場における競争を制限し新規参入も期待できないような場合などである．なお，一般指定6項に該当するとされた事例はこれまでない．

　正当な理由があるとされるのは，例えば，市場の需給状況が供給過剰であるために低価格での販売を実施する場合，生鮮食料品の品質保持の観点から低価格で販売する場合，季節商品や流行商品の見切り処分のためのバーゲン，年末や中元の慣行的バーゲンの場合，新規参入に当たって行われる相当期間内の安売り，新開発製品の宣伝期間内の安売り，傷物・汚れ物の値引き販売，店仕舞いの際の在庫処分などである．

　法2条9項3号は「継続して供給」することを要件の一つとしている．上記の正当理由あるとされる各場合は，この「継続」という要件を満たさないものとして捉えることができる．

　＊正当な理由をめぐる重要判例として，「東京都屠畜場事件」（最高裁平成元年12月14

日判決・民集43巻12号2078頁,百選60事件)では,「専ら公正な競争秩序維持の見地に立ち,具体的な場合における行為の意図・目的,態様,競争関係の実態及び市場の状況等を総合考慮して判断すべきものである」としている.

法2条9項3号にある「その供給に要する費用」とは,「原価」と解されている.したがって,原価割れ販売か否かが不当廉売の判定基準ともなる.原価の回収こそが継続企業の存立基盤であるからである.原価の内容については,製造原価ないし仕入価格と解するものとこれに一般管理費,販売費を加えた総販売原価と解するものや,さらには原価に適正利潤を加えたものと解するものもある.判決・審決では,(a)「中部読売新聞社事件」(東京高裁昭和50年4月30日決定・審決集22巻301頁,百選61事件)は総販売原価を基準としており,(b)「マルエツ・ハローマート事件」(公取委昭和57年5月28日勧告審決・審決集29巻13頁,18頁,百選64事件)は仕入価格を基準として判断している.

(a)は(旧一般指定の事案であるが),中部読売新聞社が,中部読売新聞の販売価格を(朝刊のみ)一カ月一部当たり500円と定めたことに対し,公正取引委員会は6項違反の疑いがあり,右行為を直ちに停止させる必要があるとして,緊急停止命令を申し立てた事件である.

東京高裁はその決定において,不当廉売とは「単に市場価格を下回るというのではなく,その原価を下回る価格をいう」とし,被申立人の原価「の大部分は被申立人のいわゆる企業努力によるものというよりは,被申立人が読売新聞社との業務提携による強大な援助を得ているという特殊の事情に起因して定められているものであり」「原価を形成する要因が,……当該事業者の場合にのみ妥当する特殊な事情によるものであるときは,これを考慮の外におき,そのような事情のない一般の独立の事業者が自らの責任において,その規模の企業を維持するため経済上通常計上すべき費目を基準としなければならない」とした.

そして基準となる原価として総販売原価を採用し,総販売原価を構成する費目の内容と本件で基準とすべき具体的な総販売原価(812円)を示した.

(b)は,いわゆるおとり廉売の事案で,マルエツとハローマート,二つのスーパーが目玉品である牛乳の仕入価格を著しく下回る価格での供給を競い合った事件である.おとり廉売とは,客を自店へ呼び込むために目玉商品を低価格で供給することをいう.本件では,おとり廉売を行っている事業者にとって,牛

乳が売上げに占める割合はごくわずかであったので，事業活動を困難にされるおそれはなかった．しかし，これらのスーパー周辺の牛乳専売店にとっては大きな痛手となり，市場からの撤退を余儀なくされるおそれがあった．両スーパーにかかる意図はなかったにせよ，効果として専売店の市場からの撤退を余儀なくさせるおそれがあったことから，牛乳販売市場への影響は甚大なものと考えられた．したがって，その点に公正競争阻害性が認められた．

② 不当高価買入（一般指定7項）

これは，不当廉売とは逆に，買い手が他の買い手の購入機会を排除することにその特色がある．当該行為によって反競争的効果が生じるのは，競争相手の事業活動に必要な原材料等の投入すべき要素を入手できなくし，その調達のためのコストを引き上げることを通じて，他の事業者の事業活動を困難にさせることによってである．

これまで7項が適用された事例はない．この場合の公正競争阻害性は，他の事業者の事業活動を困難にさせるために，採算を度外視して高価格で不要な商品または役務を購入する点にある．そうすることで競争上の優位を保つのであるが，ただそれのみの行為であるところに不当性を見出すことができる．

＊競争相手が対抗できないような高い価格を設定して，商品を買い占めることも，競争相手の事業活動を困難にさせる場合に該当するであろう．
　ただ，実際に競争相手の調達を困難にさせるには，排他条件付取引を実施した方が戦略的には効果があると思われる．したがって，7項が適用されることは稀であろう（経済的合理性からすれば，わざわざ高い価格で購入するということはあり得ないことである）．

第7節　不当な顧客誘引・取引の強制（独占禁止法2条9項6号ハ）

1　概　　要

独占禁止法2条9項6号ハは，「不当に競争者の顧客を自己と取引するように誘引し，又は強制すること」と規定し，一般指定8項，9項および10項が定められている．

事業者の戦略として，自己の商品をできる限りたくさん販売するために，様々な方法を用いて顧客を自己に誘引しようとする．顧客を誘引する行為それ

自体が公正な競争秩序を侵害するおそれのあるものが本号の対象となる。不当な方法による誘引は、顧客の合理的な商品選択を不可能にするからである。

> ＊8項の「欺瞞的顧客誘引」は、うそをついて買い手に商品を買わせる行為であり、9項の「不当な利益による顧客誘引」は、いわばおまけをつけて商品を買わせる行為である。これらの行為については、独占禁止法のほかに「不当景品類及び不当表示防止法」（景品表示法）によって実際上、規制されている。

2　欺瞞的顧客誘引（一般指定8項）

一般指定8項の規定は、実質的には、景品表示法4条1号および2号の不当表示の規定の内容を合わせて定められたものである。8項に該当する行為のうち一般消費者に対する表示については、景品表示法4条によって規制されるのが通常である。したがって、事業者に対する不当表示、表示以外の顧客誘引行為については一般指定8項の対象とされる。

行為要件としては、「誘引」することで足りる。実際に顧客が誤認させられて取引をしたかどうかは問わない。また、「誤認」させる手段・方法も問わない。商品それ自体、その包装、容器等における表示のほか、広告等による商品の内容・取引条件を表現するほとんど一切の手段が該当する（例：虚偽広告、不当表示、不当な特殊販売）。

「顧客」が事業者である場合、事業者は一般消費者と異なり、当該取引をある程度継続して行っており、商品の内容や取引条件の有利・不利についても合理的な判断を行う能力を有していることから、この点を考慮に入れて公正競争阻害性を判断する必要がある。

> ＊コンビニエンス・ストアやファースト・フード・レストランのようなフランチャイズ・システムについて、それまで事業を行った経験のない個人に対し事業者になるよう誘引する場合には、一般消費者に対する場合と同じようにとらえるべきであろう。
> ＊＊「フランチャイズ・システムに関する独占禁止法上の考え方」（平成14年4月24日）においても、同システムの重要事項について十分な情報を開示しないまま、あるいは虚偽もしくは誇大な開示を行い、加盟店の募集を行うと、一般指定8項が適用されることとしている。

表示以外の顧客誘引行為について、8項が適用された例として、いわゆるマ

ルチ商法を用いた「ホリディマジック社事件」がある（公取委昭和50年6月13日勧告審決・審決集22巻11頁）．この事件は，オーガナイザー，マスター，ゼネラルの各地位を取得すればそれ相当の報奨金等の利益が得られるとして消費者に対し取引するよう誘引したものである．

　本行為の公正競争阻害性は，この行為が商品・役務の内容や取引条件について顧客を誤認させて自己と取引するよう誘引する行為であり，顧客の自由な選択を歪め，かつ正しい表示を行っている競争者の顧客を奪う行為であるから，「競争手段の不公正さ」に求められる（通説）．かかる顧客誘引の方法それ自体が能率競争に反する性格のものとみられるので，8項本文に「不当に」という用語が用いられているが，「誤認させること」という要件に該当すれば当然に不当であると解すべきである．まさに行為自体が競争手段として不公正である．

　　＊もっとも，事業者と消費者との間には構造的な「情報格差」があるのも事実である．8項はこれを不当に利用することを規制するものとみることもできる．

3　不当な利益による顧客誘引（一般指定9項）

　これは，景品，供応（＝接待）その他の経済的利益を提供することによって顧客を誘引することを規制するものである．景品付き販売や供応等は，それ自体としては正常な販売促進行為であるので，これらが過度にわたる場合には規制するという趣旨である．

　例えば，景品を付けて販売する場合に，当該商品・役務の価格に比して，景品の額が僅少であれば，かかる販売行為は公正な競争秩序維持の観点からは問題はない．問題ありとされたものとしては，ルームクーラーの購入者に景品としてカラーテレビを提供した例がある（「綱島商店事件」公取委昭和43年2月6日勧告審決・審決集14巻99頁）．この例では，そのような顧客の誘引を認めれば，ルームクーラーの価格と品質をめぐる競争秩序が阻害されるおそれが強いとみられた．

　「正常な商慣習に照らして不当」か否かは，公正な競争秩序維持の観点から是認される商慣習であるかという視点が判断基準であるが，実際には，当該業界において行われている商慣習を基準にして判断される．前記ルームクーラーの件では，審決は，「ルームクーラー業界において消費者向けには一般に，旅行招待付きの販売は行われておらず，また，景品付き販売は行われたことはあ

っても，その一台ごとの景品はおおむね 5 千円どまりのものである」ことから，業界の正常な商慣習に照らして不当と判断された．

9 項にいう「利益」は上述のように物品や金銭の提供が通常であるが，およそ経済上の利益であればいいことになる．「野村證券事件」（公取委平成 3 年12月 2 日勧告審決・審決集38巻134頁）では，一部の顧客に対して行った損失補填が，正常な商慣習に照らして不当な利益でもって競争者の顧客を自己と取引するよう誘引しているとされた．

本項における公正競争阻害性は，8 項と同様に，競争手段としての不公正さに求められる．過大な経済上の利益の提供による顧客誘引は，価格・品質・サービスを中心とする能率競争を可能とする競争秩序を侵害するおそれがあるからである．

4 景品表示法による規制

ここで簡単に景品表示法による規制を概観する．

不当表示や過大な景品付き販売は反復性，波及性が強く，迅速に規制される必要がある．審査を要する独占禁止法による規制では迅速な対応は困難であった．そこで別途，景品表示法が制定されたわけである（昭和37年）．同法は，一般消費者に対する不当表示および取引に附随する過大な景品類の提供を迅速かつ効果的に規制するために，違法となる基準を具体的に設定し，また措置命令という簡略な手続を定めるとともに（景品表示法 6 条），都道府県知事に同法の規制権限の一部を委任している（同 7 条）．さらに，自主規制の方法として公正競争規約の制度を設けている（同11条）．

> ＊公正競争規約：事業者または事業者団体が，景品の上限額や提供の方法，表示の基準・方法等について，公正取引委員会の認定を受けて，公正な競争を確保するために設定する自主ルールである．

景品表示法が禁止する不当表示とは，商品または役務の「品質，規格その他の内容」および「価格その他の取引条件」について，実際のものまたは当該事業者と競争関係にある他の事業者に係るものよりも「著しく優良（有利）であると一般消費者に誤認される」ため，「不当に顧客を誘引し，一般消費者による自主的かつ合理的な選択を阻害するおそれがあると認められる」表示，ならびにその他の「取引に関する事項について一般消費者に誤認されるおそれがあ

る表示であって，不当に顧客を誘引し，一般消費者による自主的かつ合理的な選択を阻害するおそれがあると認めて内閣総理大臣が指定するもの」である（同4条）．この指定には，① 無果汁の清涼飲料水等についての表示，② 商品の原産国に関する不当な表示，③ 消費者信用の融資費用に関する不当な表示，④ 不動産のおとり広告に関する表示，⑤ おとり広告に関する表示がある．

　景品類の提供について，同法3条は「内閣総理大臣は，不当な顧客の誘引を防止し，一般消費者による自主的かつ合理的な選択を確保するため必要があると認めるときは，景品類の価額の最高額若しくは総額，種類若しくは提供の方法その他景品類の提供に関する事項を制限し，又は景品類の提供を禁止することができる」と定めている．

　　＊比較広告：商品の品質や取引条件を適切に比較しうるための情報が一般消費者に提供されることが望ましいとの観点から「比較広告に関する景品表示法上の考え方」（昭和62年4月21日）が策定され，比較広告が，① 内容が客観的に実証されたものであること，② 実証された数値や事実の適切な引用であること，③ 比較の方法が公正であること，という条件のすべてを満たせば，不当表示に該当しないとされる．

5　抱き合わせ販売等（一般指定10項）

　独占禁止法2条9項6号ハは，不当な顧客誘引と並んで不当な取引強制を不公正な取引方法として定めている．そして，これを受けて一般指定10項で抱き合わせ販売と不当な取引強制について定めている．取引強制には多様なタイプがあり，法2条9項5号が適用される場合もある．抱き合わせ販売は，取引強制の主要類型として位置付けられる．

　抱き合わせ販売は，売り手が自己の主たる商品を販売する際に，あわせて自己から従たる商品を購入するよう強制するかまたは自己が指定する事業者から従たる商品を購入するよう強制する行為をいう．抱き合わせには，商品と商品の抱き合わせだけでなく，商品と役務（例：機器の購入と保守点検サービス），役務と商品（例：融資と金融商品の購入）の抱き合わせの場合も含まれる．

　抱き合わせ販売をする理由として，多種類の商品を販売している売り手が，売れ筋商品の販売に際して，在庫品を抱き合わせて処分するためである場合や，ある商品市場における支配的地位を利用して，他の商品市場においても有利な地位を確保するために行う場合もある．抱き合わせ販売に該当するには，① 主たる商品と従たる商品とは別個独立の商品であること，② 主たる商品の販

売に際して，従たる商品を購入するよう強制することが必要である．

①の個別独立の商品について，二つの別個の商品を組み合わせて一つの商品として販売する場合には，抱き合わせ販売にはならない．例えば，歯磨きと歯ブラシをセットにして「旅行用携帯セット」として販売する場合である．これは二つの商品を別々に販売するのとは異なる特徴を持つ単一の商品とみなされるからである．

他方，自動車の販売に際しての自動車損害保険，機器の販売に際しての当該機器の保守サービス，レンタカーの利用契約に際しての保険，パソコンの基本ソフトとアプリケーション・ソフトなどの場合は別個の商品とみなされる．

主たる商品を販売するに当たって，従たる商品を購入するよう強制するには，その前提として，通常，買い手の主たる商品に対する必要度・欲求度が高くなければならない．売り手が，主たる商品市場において市場支配的地位にあったり，主たる商品がヒット商品になったりしている場合である．かかる状況において，売り手が従たる商品も購入しなければ主たる商品を販売しないというように，主たる商品の販売に従たる商品の購入を余儀なくさせる場合に強制が行われたものとして認定できる．

審・判決例から二つの違法類型を挙げることができる．

(a) 能率競争阻害型

これは，抱き合わせ販売の競争手段の不公正さを問題にする型である．「藤田屋事件（ドラゴンクエストⅣ事件）」（公取委平成4年2月28日審判審決・審決集38巻41頁）は，玩具卸売業者が，ドラクエと呼ばれる人気ゲームソフトと不人気ソフトを抱き合わせて小売業者に販売した事例である．本件では，抱き合わせ販売の公正競争阻害性を，「買い手は被抱き合わせ商品の購入を強制され商品選択の自由が妨げられ，その結果，良質・廉価な商品を提供して顧客を獲得するという能率競争が侵害され，もって競争秩序に悪影響を及ぼすおそれがある」とした上で，本件抱き合わせ販売を「卸売業者間の能率競争を侵害し競争手段として公正を欠くもの」と結論づけた．

(b) 自由競争減殺型

「東芝エレベーターテクノス事件」（大阪高裁平成5年7月30日判決・判時1479号21頁）は，エレベーターメーカー東芝の子会社で東芝製造のエレベーターの保守点検を業とし，その保守部品を独占的に供給する者が，取替え調整工事と一緒でなければ顧客からの部品の注文に応じないとする行為が問題となった．取

替え部品と取替え調整工事の抱き合わせ行為である．判決は，「このような商品と役務を抱き合わせての取引をすることは，買い手にその商品選択の自由を失わせ，事業者間の公正な能率競争を阻害するものであって，不当というべきである」と述べている．かかる判示から(イ)の型と解されてきたが，従たる商品（修理・保守サービス）市場において，独立系保守業者を排除し，自由な競争を減殺する効果を有していると捉えることのできる事例である．

また，「日本マイクロソフト事件」（公取委平成10年12月14日勧告審決・審決集45巻153頁）では，表計算ソフト（エクセル）のライセンスを供与する者が，パソコンメーカーに対して，表計算ソフトに併せてワープロソフト（ワード）を，また表計算ソフトとワープロソフトに併せてスケジュール管理ソフト（アウトルック）を供給する行為が10項に該当するとされた．本件の事実として，パソコンユーザーにとって需要が極めて高い表計算ソフト市場において，被審人の表計算ソフトがシェア第1位を占めていること，本件行為が行われるまでは，ワープロソフト市場においては他社の「一太郎」が第1位であったが，本件行為によって被審人のワープロソフトが第1位になったことが指摘されており，これらが従たる商品市場における自由競争の減殺の認定にとり決定的であった．

> ＊抱き合わせ販売が，安全性の確保等の目的を達成するために必要であれば，当該抱き合わせ販売は正当化されるが，その必要性を判断する際には，「より制限的でない代替的手段」によって同じ目的を達成できないかどうかを考慮しなければならない．

6　その他の取引強制

抱き合わせ販売以外の取引強制には，① 多種類の商品を販売する売り手が，買い手にそれらすべての種類の商品の購入を強制する行為（全量購入条件付取引），② 買い手が，ある商品を購入する条件として，売り手の他の商品も販売するようにさせる場合，③ 買い手が売り手に，商品を購入する条件として自己の商品を売り手に買わせる行為，これとは逆に売り手が買い手に，商品を販売する条件として，買い手の商品を自己に販売させるようにする行為（相互取引または互恵取引）等がある．

これらの行為は，行為者の市場における地位，行為の態様（強制的要素の有無），行為の競争に及ぼす影響などによって，法2条9項5号，一般指定10項

が適用される.

第8節　流通系列化の規制——その1——

1　流通系列化とは

　流通系列化とは，専売店契約などにより自社製品の安定的，閉鎖的な販路を組織化するものであり，製品差別化を伴う消費財の寡占的な産業分野で多くみられる事業形態である（化粧品業界の，卸売段階での地域的活動範囲を限定するテリトリー制の実施，家電業界の卸売段階での専売化およびテリトリー制の実施，小売り段階にみられる占有度リベートの実施，自動車業界のディーラー制は資本参加などにより小売り段階までが系列下におかれている）.

　＊昭和55年の公正取引委員会独占禁止法研究会報告によれば，流通系列化とは，「製造業者が自己の商品の販売について，販売業者の協力を確保し，その販売について自己の政策が実現できるよう販売業者を掌握し，組織化する一連の行為」を指す.
　　独占禁止法2条9項6号ニは，流通系列化および系列取引に対する規制を意図している.

2　排他条件付取引

　独占禁止法2条9項6号ニに該当する一般指定のうち，11項の「排他条件付取引」を取り上げる.
　「排他条件付取引」とは，取引の相手方に対して自己の競争者と取引しないことを条件として取引を行うことであるが，これは投資やノウハウに対する競争者のただ乗りを防止するという，事業上の合理性を有する場合があり，この取引それ自体は違法なものではない. もっぱら，競争者の取引の機会を奪ったり，新規参入を妨げるなどして競争を減殺するおそれがある場合に禁止される.

　＊排他条件付取引が持つこのような効果は，「市場閉鎖効果」と呼ばれる.

　排他条件付取引には，① 行為主体が買い手の場合である「排他的受入契約」と，② 行為主体が売り手の場合である「排他的供給契約」がある. ①は「一手販売契約」であり，②は「専売店契約」である. ①は例えば，販売業者が製造業者に対してその商品を自己にだけ販売し，競争者に供給しないことを義務づけるものである. ある事業者に対し国内市場全域を対象とする一手販売権を

付与する契約を「総代理店契約」と呼び，付与される事業者を「総代理店」と呼ぶ．他方，②は例えば，製造業者が販売業者に対して自己の商品のみを購入し，競争者の商品を取り扱わないことを義務づけるものである．

一手販売契約や専売店契約が「有力な事業者」によって行われる場合には，競争者が市場から排除され，または競争者の新規参入が阻害されるなどの反競争的効果が生じることもある．

＊買い手に，ある種類の商品について，仕入れ全量を購入させる取引（全量購入契約）も，競争者との取引を制限するので排他条件付取引になる．また，リベートや株式保有を手段として，競争者との取引を制限する場合も対象となる．例えば，「流通・取引慣行に関する独占禁止法上の指針」（平成3年7月11日）によれば，メーカーが流通業者に対して，流通業者の一定期間における取引額全体に占める自社製品の割合（占有率）に応じて供与する「占有率リベート」や，一定期間の流通業者の仕入れ高についてランクを設け，ランク別に累進的な供与率を設定する，仕入れ数量に応じたリベートである「（著しく）累進的なリベート」を供与することは，流通業者の競争品の取扱いを制限する機能を持つことから一般指定11項によって規制される．さらに，特許・ノウハウライセンス契約において，ライセンサーがライセンシーに対して，「競争品の製造・使用等又は競争技術の採用を制限する」場合も一般指定11項によって規制される（「特許・ノウハウライセンス契約に関する独占禁止法上の指針」平成11年7月30日）．

3　排他条件付取引の公正競争阻害性

前述のように，排他条件付取引は，行為それ自体が直ちに独占禁止法違反となるものではない．その「不当性」の判断基準としては，規定上，「競争者の取引の機会を減少させるおそれ」が示されており，競争者に対する取引機会の阻害効果・市場の部分的閉鎖効果が主として問題となる．要するに，競争者の取引の機会を減少させ，市場における自由な競争を減殺させるような場合に，不当として違法となるわけである．

判例（「東洋精米機事件」東京高裁昭和59年2月17日判決・判時1106号47頁，百選70）によれば，「公正競争阻害性の有無は，結局のところ，行為者のする排他条件付取引によって行為者と競争関係にある事業者の利用しうる流通経路がどの程度閉鎖的な状態におかれることとなるかによって決定されるべきであり，一般に一定の取引の分野において有力な立場にある事業者がその製品について販売業者の中の相当数の者との間で排他条件付取引を行う場合には，その取引には

原則的に公正競争阻害性が認められる」とされる.

　判決文から読みとれることとして，有力な事業者によって，関係する取引についての流通経路の重要な部分が，競争者にとって閉鎖的な状態におかれるおそれがあれば，排他条件付取引の公正競争阻害性は肯定されることになる．その際吟味すべき諸点は次の通りである（久保『独占禁止法通論』195頁参照).

　① 行為主体の市場におけるシェア，順位
　② 取引の相手方の数，市場におけるその地位
　③ 競争者にとって行為主体によって掌握されてしまった流通経路に代わる流通経路の整備あるいは発見の難易度
　④ 排他条件付取引実施期間中の行為主体のシェアの変化および競争者のシェアの変化
　⑤ 排他条件付取引実施期間の長短
　⑥ 行為主体が排他条件付取引を実施することによって，行為主体の市場への新規参入が容易になるという事情の存否
　⑦ 競争者も排他条件付取引を行っているか

　「流通・取引慣行ガイドライン」でも，「市場における有力な事業者」が排他条件付取引を行い，これによって「競争者の取引の機会が減少し，他に代わり得る取引先を容易に見いだすことができなくなるおそれがある場合」に違法となる，としている.

　「市場における有力な事業者」の認定については，市場占有率が10％以上またはその順位が上位3位以内であることが一応の目安とされている．また，ガイドラインでは前記②〜⑦との関連において，さらに(i)対象商品の市場全体の状況（市場集中度，商品特性，製品差別化の程度，流通経路，新規参入の難易性等)，(ii)行為者についてはシェア・順位の他にブランド力が判断材料とされている．

　公正取引委員会の打ち立てた「有力な事業者基準」では，基本的に市場占有率が認定の基準とされることから，算定の基礎としての事業者の範囲を画定する必要がある．不公正な取引方法の規制については，独占禁止法上，一定の取引分野（＝市場）の画定は要件とはされていないが，市場占有率を手掛かりとする以上，市場の画定作業もまったく無視するわけには行かない．

　前記東洋精米機事件では，公正取引委員会の審決では，行為者である食糧加工機製造業者の市場占有率を算定する際に，算定の基礎となる市場を，「食糧

加工機製造業者が販売業者を通じて小精米用食糧加工機を米穀小売業者に対して供給するという独立の取引の場」とした上で，行為者の市場占有率を大型工場向けの販売額を含めて算定したため，行為者のシェアを過大に算定して有力な地位を認定した．それで，東京高裁は，実質的証拠を欠くとしてこの審決を取り消した．

 ＊審決取消訴訟では，公正取引委員会が認定した事実は，これを立証する実質的な証拠があるときは，裁判所を拘束するとされており（独禁法80条1項），裁判所は，実質的な証拠の有無を判断する制度がとられている．つまり，公正取引委員会の判断に合理性があったかどうかだけを審理する．これを「実質的証拠法則」という．なお，平成25年改正により審決取消訴訟，実質的証拠法則ともに廃止された．

また，同事件の流通系列化規制との関連では，判決の中で，「原告（東洋精米機）と競争関係にある数社は，すでに相当数の販売業者を専売店として系列化している．販売業者の特定の事業者への系列化はかなりの程度進んでいると推認できる余地さえある．しかしこの系列化の実状を認定判断するのに必要な証拠を収集していない」として，審決の事実認定の不備を指摘し，審決を実質的証拠を欠く違法なものとした．

そして，排他条件付取引の公正競争阻害性が認められない場合について，前述の公正競争阻害性一般論を受けて，「しかし，右のような場合であっても，一定の取引の分野の市場構造の特殊性等からして，すでに各販売業者が事実上特定の事業者の系列に組み込まれており，その事業者の製品だけしか取り扱わないという事態になっているなど特段の事情が認められる場合は，排他条件付取引に公正競争阻害性が認められないとされる余地が生ずるものと解される」とした．

この東京高裁判決に対して，「流通・取引慣行ガイドライン」をみると，結論的には逆に，「複数のメーカーがそれぞれ並行的に競争品の取扱い制限を行う場合には，一メーカーのみが行う場合と比べ市場全体として新規参入者や既存の競争者にとって代替的な流通経路を容易に確保することができなくなるおそれが生じる可能性が高い」としている．

ガイドラインの立場は，東洋精米機事件東京高裁判決に対する学説の側からの批判を反映した内容となっている．学説の批判とは，例えば，製造業者毎に流通経路の系列化が推進され，確立されれば，公正競争阻害性はない，とする

ならば，市場は系列によって縦に分断される．その結果は新規参入を困難なものとし，系列化に成功した有力事業者の地位の温存に力をかす論理を提供するだけである．市場における事業者の革新性を否定するものである（久保『独占禁止法通論』203-204頁），とされる．

海外から日本の市場の閉鎖性が批判されている今日においては，流通系列化を容認することは妥当ではない．系列化が並行的に用いられる場合には，既存の競争者には取引機会の減少は生じないが，新規参入者が当該市場で事業を開始するには自ら販売網を構築しなければならない，という市場閉鎖効果が生じる．

以上の専売店制の次に，買い手の行う排他条件付取引＝排他的受入契約（一手販売契約がその典型）についてみると，これは，買い手が売り手に対して自己の競争者と取引しないよう要求することになるが，一般論として，流通業者が製造業者と一手販売契約を結んだとしても，他の流通業者が取引の機会を見出すことができなくなることは，実際上ほとんどない．したがって，一手販売契約が公正競争阻害性を持つものとみられるのは，一手販売権者（買い手）がこれにより競争者を市場から排除し，または競争者の新規参入を困難にするおそれのある場合である．市場において有力な販売業者が有力製造業者から一手販売権を取得したり，多数の製造業者から一手販売権を取得すると，公正な競争を阻害する蓋然性が高まる．

排他的受入取引が違法とされた事例として，「全国販売農業協同組合連合会事件」（公取委昭和38年12月4日勧告審決・審決集12巻39頁）がある．この事件は，各都道府県の経済農業協同組合連合会を会員とする全国販売農業協同組合連合会（全販連）が，わが国の米麦用新麻袋製造業者のすべてである4社に対して，契約において自己以外に新麻袋を販売してはならない旨の条件を付して取引していたものである．

本件では，全販連は独占禁止法2条1項によって事業者と認定された．また本件では，全販連の競争者である新麻袋の販売業者が競争から排除されることになるのは明白である．新麻袋の製造業者は4社ですべてであり，新麻袋の実際の需要者である農民は，全販連の各単位農協の組合員であれば，全販連は供給独占を図ることができるからである．全販連が，製造業者に対して直接農民に販売することも禁止していれば，当該行為は不当な拘束条件付取引（一般指定12項）に該当する．

他方，製造業者が，部品の製造業者を系列化するなどして排他条件付取引を行う場合もある．当該市場の状況如何によっては，競争者の取引機会が減少し，自由な競争が減殺されるおそれがある．

　ここでいう「市場の状況如何」に関連して，「流通・取引慣行ガイドライン」によれば，完成品製造業者が部品製造業者に対し，原材料を支給して部品を製造させている場合に，その原材料を使用して製造した部品を自己にのみ販売させる場合には，独占禁止法上正当な理由があるとされる．

　また，完成品製造業者が部品製造業者に対し，ノウハウを供与して部品を製造させている場合で，そのノウハウの秘密を保持し，またはその流用を防止するために必要であると認められるときに自己にのみ販売させることも正当な理由があるとされる．

　フランチャイズ・システムに関する判例で，フランチャイジーに課せられる競業禁止の制限について，それが「フランチャイズ契約関係の継続に固有な営業秘密の保護という必要性に出たものであり，その制限の範囲も合理的な限度に止まっているもの」であれば，独占禁止法上正当であるとされた（「ニコマート事件」東京地裁平成6年1月12日判決・判時1524号56頁，東京高裁平成8年3月28日判決・判時1573号29頁（控訴審））．

4　関連問題

　排他条件付取引は，私的独占にいう「排除」行為にも該当する．当該行為が私的独占として規制されるか，一般指定11項該当行為として規制されるかは，違反の措置に大きな違いがあるので，事業者には重要事である．従来の審・判例では，行為者の市場占有率が70％超の場合には私的独占として規制され，それ以下の場合であれば，不公正な取引方法として規制されるものとしている．

　はたして市場占有率が70％超であることを基準とすることは妥当であるか．確かに，「雪印乳業・農林中金事件」では両社で北海道全域において集乳量約80％に及んでいた．また，「エム・ディ・エス・ノーディオン事件」では，世界におけるモリブデン99の生産数量の過半を占め，かつ販売数量の大部分を占めているとの認定を受けていた．しかし，私的独占の事件と評価するためにはこのような数値・規模が必要なのであろうか．ちなみにドイツ法では（単独の事業者の場合）40％と明示されている．また，イギリスでは一社で25％以上のとき「独占状態」にあるとみなされる．単純な比較は慎むべきであるが，やは

り70％という基準は厳しすぎるのではないだろうか（平成21年10月28日公表「排除型私的独占ガイドライン」では概ね50％を目途にしている）．

なお，一般指定12項との関係について，相手方に対して「競争者のすべてと取引しない」ようにさせる場合に一般指定11項が適用され，「特定の競争者と取引しない」ようにさせる場合や「自己と取引する」ようにさせる場合に一般指定12項が適用されることになる．

第9節　流通系列化の規制──その2──

1　拘束条件付取引──「拘束」

一般指定12項は，「法第2条第9項第4号又は前項に該当する行為のほか，相手方とその取引の相手方との取引その他相手方の事業活動を不当に拘束する条件をつけて，当該相手方と取引すること」と規定する．いわゆる「拘束条件付取引」である．

本項が適用された事例の多くは，製造業者が，卸売業者や小売業者の取引先，販売地域，販売方法などについて拘束を加えるものであった．ここでの「拘束」は，契約上，書面等において明示されている必要はなく，事実上相手方に対して拘束として機能していれば足りる．したがって，本項にいう「条件をつけて」の解釈についても，事実上の条件であれば足りる．「流通・取引慣行ガイドライン」でも，「条件として」の文言には，「契約等で取り決められている場合」だけでなく，「何らかの人為的手段によってその行為の実効性が確保されている場合」も含むものとされている．

かかる拘束を通じて，大規模事業者（大企業）は，例えばそれが製造業者であれば，多くの販売業者を自己の傘下におさめようとするわけである．これが「流通系列化」である．

2　拘束の態様

(1)　価格拘束

製造業者による流通業者の価格決定の拘束は，もっぱら法2条9項4号（再販売価格維持行為）によって規制される．しかし，4号によれば，「自己の供給する商品を購入する相手方」の販売価格を拘束すると規定している．したがって，この要件に該当しない再販売価格維持行為については4号ではなく，12項

が適用されることになる．

　例として，①美容室で使用するコールド式パーマネントウェーブ液の製造業者が，代理店をして，販売先である美容室に対して，かかるウェーブ液を用いて行うパーマネントの最低料金を定めて維持させていた事案や（「小林コーセー事件」公取委昭和58年7月6日勧告審決・審決集30巻47頁），②醗酵乳の原液の製造業者が，原液を希釈して製造された醗酵乳の小売業者に対して，契約よって醗酵乳の小売価格を指示し維持させていた事案がある（「ヤクルト事件」公取委昭和40年9月13日勧告審決・審決集13巻72頁）．いずれも「自己の供給した商品」の価格ではない．①は当該商品を使用したパーマネントという役務の料金についての拘束であり，②は自己の供給した商品を加工した（＝希釈した）別個の商品の価格を拘束するものであった．いずれも一般指定12項が適用された．

　価格についての拘束であるから，12項には「不当に」との文言があるが，当該行為については原則適法とするのではなく，原則違法とみるべきであろう．なぜなら，当該行為の及ぼす効果は再販売価格維持行為の場合と同じであるとみられるからである．したがって，公正競争阻害性の認定については再販売価格維持行為と同様に解すべきことになろう．

　流通系列化規制としては，このような価格拘束よりも以下にみる行為形態の方が妥当するであろう．

(2) 取引先の拘束

(a) 帳合い取引の義務づけ

　これは，製造業者が卸売業者に対して，その販売先である小売業者を特定させ，小売業者が特定の卸売業者としか取引できないようにすることをいい，特に，小売業者の仕入先卸売業者を一つに限定する場合を「一店一帳合制」と呼ぶ．帳合い取引の義務づけが行われると，卸売業者間の小売業者の獲得をめぐる競争が制限される．また，当該製造業者の商品を取り扱う卸売業者間のブランド内競争が制限される．

　帳合取引の義務づけが違法とされたケースとしては，①再販売価格の拘束を確保する手段として行われた場合と，②再販売価格の拘束なしに帳合取引の義務づけのみが行われた場合がある．①の場合は，再販売価格の拘束と一体のものとして公正競争阻害性をとらえている．②の場合は，公正競争阻害性のとらえ方は一様ではない．商品の流通経路，当該商品の市場構造，商品特性等

に関する事実の認定を通じて不当性の判断を行っている．

「流通・取引慣行ガイドライン」は，帳合取引の義務づけによって「当該商品の価格が維持されるおそれがある場合」に違法になるとしている．その際の考慮要因は次の通りである．

① 対象商品をめぐるブランド間競争の状況（市場集中度，商品特性，製品差別化の程度，流通経路，新規参入の難易性等）
② 対象商品のブランド内競争の状況（価格のバラツキの状況，当該商品を取り扱っている流通業者の業態等）
③ 制限の対象となる流通業者の数および市場における地位
④ 当該制限が流通業者の事業活動に及ぼす影響（制限の程度・態様等）

「一店一帳合制」それ自体を違法とした「第二次育児用粉ミルク事件」（「雪印乳業事件」公取委昭和52年11月28日勧告審決・審決集24巻65頁，「明治乳業事件」公取委昭和52年11月28日勧告審決・審決集24巻86頁，「森永乳業事件」公取委昭和52年11月28日勧告審決・審決集24巻106頁）では，① 育児用粉ミルク業界は，上位三社の市場占有率の合計が約94％にものぼる寡占市場であること，② 育児用粉ミルクの商品特性として，需要者が特定の銘柄を指定して購入し，その銘柄を継続して使用する傾向があること，③ 製造業者が，主要な取引条件のほとんどを一方的に決定し，卸売業者の意向が取引条件に反映されることはないこと，④「一店一帳合制」は，卸売業者間の育児用粉ミルクの販売価格および各種の取引条件についての競争が行われる場を極めて狭い範囲に限定していること，等々の事実を認定した．本事件において公正取引委員会が認定した上記①～④の事実をもって「流通・取引慣行ガイドライン」にいう「価格が維持されるおそれ」を認定することができよう．

(b) 仲間取引（横流し）の禁止・安売り業者への販売の禁止

製造業者が流通業者に対して，商品の横流しまたは転売をしないよう指示する場合（仲間取引の禁止）や，製造業者が卸売業者に対して，安売りを行う小売業者への販売を禁止する場合等も取引先の拘束として一般指定12項の対象となる．

これまで仲間取引の禁止が独占禁止法違反とされた事例としては，①「アルパイン事件」（公取委平成3年4月25日勧告審決・審決集38巻60頁）では再販売価格維持行為の実効性確保のために仲間取引を禁止した例であり，②「東洋精米機

事件」(公取委昭和63年5月17日同意審決・審決集35巻15頁)では排他条件付取引の実効性確保の措置として仲間取引が禁止された例である.そのほかに,③「エーザイ事件」(公取委平成3年8月5日勧告審決・審決集38巻70頁)では再販売価格維持行為と併せて行われた仲間取引の禁止が,再販売価格維持行為とは独立の行為として規制された.①,②の場合には,仲間取引の禁止は再販売価格維持行為または排他条件付取引の中に包含され,再販売価格維持行為の場合は2条9項4号のみが適用され,排他条件付取引の場合は一般指定11項のみが適用された.③の場合には,再販売価格維持行為に2条9項4号が適用されるとともに,仲間取引の禁止行為に対しては一般指定12項が適用された.

「ソニー・コンピュータエンタテインメント事件」(公取委平成13年8月1日審判審決・審決集48巻3頁)は,「横流し禁止」行為それ自体の公正競争阻害性を初めて認めた事例である.本件は,ゲームソフトメーカーによる流通業者に対する三つの拘束が問題となった.すなわち,「値引き販売禁止」,「中古品取扱い禁止」および「横流し禁止」の三つである.審決は,「横流し禁止」行為の公正競争阻害性について,「横流し禁止行為は,販売業者の取引先の選択を制限し,販売段階での競争制限に結びつきやすいものであり,それにより当該商品の価格が維持されるおそれがあると認められる場合には,原則として一般指定第12項の拘束条件付取引に該当するのであるが,例外的に,当該行為の目的や当該目的を達成する手段としての必要性・合理性の有無・程度等からみて,当該行為が公正な競争秩序に悪影響を及ぼすおそれがあるとはいえない特段の事情が認められるときには,その公正競争阻害性はないものと判断すべきである」と述べた.つまり,目的と効果に分けた分析を行うというわけである.まず目的について,「横流し禁止」行為により値崩れを防止する効果があることの一般的な認識は認められるが,「値引き販売禁止」の実効性確保手段の目的で採用されたとまではいうことができないとする.他方,効果については,「それ自体,取扱い小売業者に対してPSソフトの値引き販売を禁止する上での前提ないしはその実効確保措置として機能する閉鎖的流通経路を構築するという側面及び閉鎖的流通経路外の販売業者へのPS製品の流出を防止することにより外からの競争要因を排除するという側面の両面において,PSソフトの販売段階で競争が行われないようにする効果を有している」として,一般指定12項違反を認定した.前記「エーザイ事件」と同様,再販売価格維持行為の拘束を伴うが,審決は「横流し禁止」行為は「それ自体,PSソフトの販売段階

での競争制限効果を有するもの」と述べている.

(c) 輸入総代理店契約に関わる行為

輸入総代理店契約は,外国事業者とわが国の輸入業者との間で,わが国の輸入業者に,当該外国事業者の製品をわが国において一手に販売する権利を付与する契約である.一手販売権を付与された輸入総代理店は,並行輸入によって価格競争が起きるのを回避するために様々な阻害行為を行い,競争を制限するので,一般指定12項または14項による規制を受けることになる.

(i) 競争者間の総代理店契約

「流通・取引慣行ガイドライン」は一般指定12項の適用例として,競争関係にある供給者間の総代理店契約を挙げている.例えば,わが国のビール・メーカーが,外国のビール・メーカーと輸入総代理店契約を結ぶような場合である.契約相手である外国メーカーの販売先を拘束するから一般指定12項の適用対象となる.かかる総代理店契約は,契約当事者間での競い合いも回避することで,当該市場における自由な競争を減殺するおそれがある.他方,総代理店契約は,販売網をもたない海外のメーカーや新規参入者にとっては,たとえ競争者であっても自己の製品を販売するための有力な方法である.「流通・取引慣行ガイドライン」は,競争者間の総代理店契約について,総代理店が,その市場において10％のシェアを有し,または,その順位が3位以内であるときは「競争阻害効果が生じる場合がある」とし,総代理店のシェアが25％以上で,かつ,その順位が1位である場合には,「通常,競争阻害効果が生じることとなるおそれが強い」としている.

(ii) 輸入総代理店による並行輸入阻害

輸入総代理店が,並行輸入を阻止するために,並行輸入業者の仕入先に対して,並行輸入業者への販売を中止するようにさせる行為,あるいは輸入総代理店が,並行輸入品を取り扱わないことを条件として流通業者と取引する行為は,取引先事業者の取引先選択の自由を拘束することから一般指定12項の対象となる.これらの行為は,一般指定14項の「不当な取引妨害」にも該当する.

並行輸入を阻止するために,並行輸入品を取り扱っている販売業者への販売を制限した事件に,「オールドパー事件」(公取委昭和53年4月18日勧告審決・審決集25巻1頁)がある.スコッチウイスキー「オールドパー」の輸入総代理店が,一次卸売業者である特約店と,① 並行輸入されたオールドパーを取り扱っている販売業者には販売しないこと,② 並行輸入されたオールドパーを取り扱

っている販売業者にオールドパーを供給している業者にも販売しないこと，を条件に取引した行為が，不当な拘束条件付取引とされた．

この場合の公正競争阻害性は，ブランド内価格競争を制限することにある．

(3) 販売地域の制限

メーカーが，流通業者と取引する際に，取引先卸売業者等の販売地域を制限することがある（テリトリー制とも呼ばれる）．この販売地域の制限には，① 一定の地域を主たる責任地域として定め，当該地域内において，積極的な販売活動を行うことを義務づけるもの（責任地域制），② 店舗等の販売拠点の設置場所を一定地域内に限定したり，販売拠点の設置場所を指定するもの（販売拠点制＝ロケーション制），③ 一定の地域を割り当て，地域外での販売を制限するもの（厳格な地域制限），④ 一定の地域を割り当て，地域外の顧客からの求めに応じた販売を制限するもの（地域外顧客への販売制限）等がある（以上，「流通・取引慣行ガイドライン」より）．

③については，「市場における有力なメーカーが流通業者に対し厳格な地域制限を行い，これによって当該商品の価格が維持されるおそれがある場合には，不公正な取引方法に該当し，違法となる」とされ，④については，「当該商品の価格が維持されるおそれがある場合」に違法となるとされている（③，④はクローズド・テリトリー制と呼ばれる）．他方，①，②のみを行う場合には，違法とはならないとされている．

テリトリー制は，メーカーが，流通業者に特定の地域において商品を独占的に販売する地位を与えて，当該地域において販売促進に努めてもらう目的で行われる．

販売地域の制限が独占禁止法違反とされた事例に，「富士写真フィルム事件」（公取委昭和56年5月11日勧告審決・審決集28巻10頁）がある．この事件は，X線フィルムの製造分野において市場占有率約53％を占める富士写真フィルムが，そのX線フィルムを自己の100％子会社・富士エックスレイを通じて販売していたところ，富士エックスレイが専門特約店6社に対して，小売価格の拘束，競合製品の取扱いの制限とともに販売地域の制限を行ったものである．

(4) 販売方法の制限

メーカーが，小売業者に対して，自己の商品の販売方法について制限を加え

る場合がある．その目的は，自己の商品の安全性，品質の確保，ブランドイメージの保持等である．制限の態様は例えば，① 商品の販売に際して，使用方法などの説明を義務づける，② チラシなどにおける価格の広告・表示方法を制限する，③ 商品の品質管理について指示する，④ 店舗内での商品の陳列場所・売り方などについて指示する，等である．

　かかる販売方法の制限それ自体が独占禁止法上問題とされることはない．この点につき，最高裁の次のような判示がある．すなわち，「メーカーや卸売業者が販売政策や販売方法について有する選択の自由は原則として尊重されるべきであることにかんがみると，これらの者が，小売業者に対して，商品の販売に当たり顧客に商品の説明をすることを義務付けたり，商品の品質管理の方法や陳列方法を指示したりするなどの形態によって販売方法に関する制限を課することは，それが当該商品の販売のためのそれなりの合理的な理由に基づくものと認められ，かつ，他の取引先に対しても同等の制限が課せられている限り，それ自体としては公正な競争秩序に悪影響を及ぼすおそれはなく，一般指定12項にいう相手方の事業活動を『不当に』拘束する条件を付けた取引に当たるものではないと解するのが相当である」としている（「資生堂東京販売事件」最高裁平成10年12月18日判決・民集52巻9号1866頁）．本件では，化粧品メーカーが，特約店小売業者に対面販売義務を課すことには，「それなりの合理的な理由」があるとした．

　では，どのような場合に，販売方法の制限が，独占禁止法上問題となるのか．「流通・取引慣行ガイドライン」では，㈦メーカーが，小売業者の販売方法に関する制限を手段として，小売業者の販売価格，競争品の取扱い，販売地域，取引先等について制限を加える場合，㈸メーカーが，小売業者に対して，店頭，チラシ等で表示する価格について制限し，それによって価格が維持されるおそれがある場合が挙げられている．

　㈸に関して，松下電器産業の販社である松下エレクトロニクスが，松下製品の小売価格の値崩れを防止するために，取引先量販店に，新聞折込み広告や店頭表示等において，メーカー希望小売価格の10％引き程度の「参考価格」を下回る価格を表示しないよう要請し，量販店もそれを受け入れていた．これが一般指定12項に該当するとされた（「松下エレクトロニクス事件」公取委平成5年3月8日勧告審決・審決集39巻236頁）．

＊ガイドラインの(ア)に対しては，直截に特定の販売方法に，価格を維持するおそれがあれば，一般指定12項に該当し違法となると考え，対象商品のブランド間競争およびブランド内競争の状況，当該販売方法を採用しているメーカーの数・市場における地位，小売価格への影響などを考慮して判断するのが妥当であるとの指摘がある（金井『独占禁止法［第2版］』）．

第10節　再販売価格維持行為

1　行為要件

　再販売価格維持行為とは，事業者が，取引の相手方の事業者に対し，その事業者の転売価格（再販売価格）を拘束する行為または取引先事業者をして転売先事業者の販売価格を拘束させる行為をいう（2条9項4号）．これは，価格という競争の最も基本的な手段を拘束し，制限するものであることから，不公正な取引方法として原則として独占禁止法に違反する．本来，行為主体から購入した商品をいくらで再販売するかは，相手方購入者が自由に決定できることであり，行為主体の指示の及ぶところではないはずである．しかも販売価格が拘束されるから，販売業者間の価格競争を消滅させることになる．

　典型は，メーカーが卸売業者に対し，その卸先である小売業者への販売価格を定め拘束することである．

　2条9項4号ロは，メーカーと小売業者との間には，通常取引関係がないから，メーカーが卸売業者に対して，再販売価格を守らない小売業者への出荷を停止させるなどして指示小売価格を維持する行為を対象としている．

　なお，再販売価格とは，行為者が指示する販売業者の販売価格であり，具体的な確定価格だけでなく値引きの限度額を定めることも含むと解されている．

　独占禁止法は，再販売価格維持行為を原則として禁止しているが，一定の商品及び著作物について，例外的に再販売価格維持行為を容認する制度を設けている（独占禁止法23条）．

　2条9項4号は，メーカーまたはその専属卸などの事業者が，単独で再販売価格維持行為を行う場合を想定しているが，再販売価格を決定・維持する行為

には，様々な類型がある．
　① 複数のメーカーが，卸売価格または小売価格を協定して維持する場合
　② 複数のメーカー，複数の卸売業者および複数の小売業者が共同して再販売価格を決定・維持する場合
　③ メーカーが単独で，卸売業者に対して，他の卸売業者と共同して卸売価格および小売価格を協定させて維持する場合
　④ 事業者団体が再販売価格を決定し，構成事業者をして維持させている場合
等々である．

　①および②の場合には，ブランド間競争が制限されることから独占禁止法3条後段違反とされる．③の例としては，「北海道バター事件」（公取委昭和25年9月18日同意審決・審決集2巻103頁）がある．本件では，メーカーである北海道バターの市場占有率が60％に上っていたために独占禁止法3条後段が適用された．しかし，メーカーの市場占有率が低ければ「一定の取引分野における競争の実質的制限」に当たらないであろうから，不当な取引制限は成立せず，2条9項4号の問題となる．なお，この「垂直的価格協定」については昭和28年の「新聞販路協定事件」東京高裁判決以来，不当な取引制限を競争事業者間の協定（水平的協定）のみを対象とする解釈をしており，再販売価格維持行為は私的独占の手段として規制されることがある場合を除いて，すべて不公正な取引方法として規制されてきた．

　④の場合，複数のメーカーの商品について再販売価格の決定が行われたか，あるいは特定のメーカーの販売業者によって構成される事業者団体が当該メーカーの商品の再販売価格をしたかによって対応が異なる．前者の場合は，独占禁止法8条1号が適用され，後者の場合は同法8条4号が適用される．

2　販売価格の「拘束」

　再販売価格維持行為が成立するためには，販売価格の自由な決定を「拘束すること」が必要である．「拘束」がある場合としては，(1)メーカーと流通業者の合意によって，メーカーが指示した価格を流通業者に守らせている場合，(2)メーカーが指示した価格を流通業者が守らないときに経済上の不利益を課す場合，逆に(3)守っている者に経済上の利益を提供する場合，等々がある．この場合の不利益には，出荷停止，出荷量の削減，出荷価格の引き上げ，リベート

の削減, 売れ筋商品の供給停止等がある. また逆に, 指定価格遵守の場合に提供される利益としては, リベートの提供, 出荷価格の引き下げ等がある.

「和光堂事件」（最高裁昭和50年7月10日判決・審決集22巻173頁）では,「拘束があるというためには, 必ずしもその取引条件に従うことが契約上の義務として定められていることを要せず, それに従わない場合に経済上何らかの不利益を伴うことにより現実にその実効性が確保されていれば足りる」と判示された.

「合意による拘束」について,「流通・取引慣行ガイドライン」によれば, ① メーカーの示した価格で販売することが文書または口頭による契約において定められている場合, ② メーカーの示した価格で販売することについて流通業者に同意書を提出させる場合, ③ メーカーの示した価格で販売することを取引の条件として提示し, 条件を受諾した流通業者と取引する場合, ④ メーカーの示した価格で販売し, 売れ残った商品は値引きせずに返品することを取引の条件とする場合を挙げている.

さらに,「拘束」が認められる場合として, 同ガイドラインは, ⑤ 販売価格の報告徴収, 店頭でのパトロール, 派遣店員による販売価格の監視, 帳簿等の書類閲覧, ⑥ 秘密番号によって流通ルートを探知し, 安売り業者には販売させないように要請すること, などを挙げている.

「エーザイ事件」（公取委平成3年8月5日勧告審決・審決集38巻70頁）では, メーカーが, ① 営業担当者の小売店の巡回, ② 試買による価格・転売状況の確認, ③ 秘密番号制による転売経路の確認等の拘束行為が行われていた.

3　公正競争阻害性の有無

再販売価格維持行為は, メーカーよる販売業者の自由な価格設定を制限し, また安売り業者を排除させようとする効果を持つことが多く, 流通業者間のブランド内競争を消滅させ, メーカー間のブランド間競争をも減殺させることになるのが通常であるから, 原則として公正競争阻害性を有する. 2条9項4号は「正当な理由がないのに」という文言をこの行為類型に冠している.

他方, 再販売価格維持行為はブランド内競争を制限するものにすぎず, ブランド間競争の余地があり, ブランド間競争を促進する効果も考えられるから, 再販売価格維持行為の違法性に当たっては, ブランド間競争とブランド内競争の制限による効果を総合的に衡量すべきとの考え方もある. しかし, この総合衡量は実際上不可能であり, これを要件とすれば違法となる場合はほとんどな

くなる．再販売価格維持行為の価格競争への直接的阻害効果とその価格水準維持の点での実効性を考慮すれば，ブランド内競争への阻害効果だけをとらえて再販売価格維持行為の競争阻害性を構成することもできる．

前述の「和光堂事件」で最高裁は，再販売価格維持行為により「行為者とその競争者との間における競争関係が強化されるとしても，それが，必ずしも相手方たる当該商品の販売業者間において自由な価格競争が行われた場合と同様な経済上の効果をもたらすものでない以上，競争阻害性のあることを否定することはできないというべきである」と判示した．

> ＊本件の場合は，育児用粉ミルクの商品特性から，銘柄間に価格差があっても，消費者は特定の銘柄を指定して購入するのが常態であり，使用後に他の銘柄に切り替えることは原則としてないため，特定銘柄に対する需要が絶えることがなく，これに応ずる販売業者は，量の多寡にかかわらず，この銘柄を常備する必要があるという「特殊事情」が指摘されている．したがって，かかる「特殊事情」がなければ，シェアの低いメーカーの行う再販売価格維持行為がブランド間競争を促進し，公正競争阻害性を欠く場合があり得ることを否定したものではないとする見解もある（川越『独占禁止法（第4版）』）．

メーカーがブランド内競争だけでなく，ブランド間競争をも減殺させる効果をもたらす再販売価格維持行為を実効性をもって実施できるのは，①メーカーが市場において支配的な地位にある場合，②メーカー間に協調的な関係があって，メーカー間の価格競争が抑制されている場合，③再販売価格維持行為の対象となる商品について「製品差別化」があって，価格差が生じても顧客が銘柄を変更しない場合のいずれかである．

> ＊根岸＝舟田『独占禁止法概説［第5版］』（258頁）によれば，「ほとんど安売り業者が現れないか，一部の安売りがあっても，大部分の販売業者が値下げを行わないのは，メーカーが設定した建値どおりでも販売量が減らない商品に限られるのであり，これは当該商品につき製品差別化が強力に作用しているか，競争者との間の価格競争（ブランド間競争）が有効に働いていないことを意味する．これは逆の因果関係でもあり，再販行為を行い，安売りを排除することが，ブランド間競争を減殺し，それを製品差別化を競う等の非価格競争に導く効果を持つ」とされる．

以上，再販売価格維持行為には，ブランド内競争とブランド間競争の双方に対し，価格をめぐる競争を減殺する効果が認められるものと解する．

再販売価格維持行為が原則として違法とされるもう一つの理由に，事業者の事業活動のうちの「価格決定の自由」を制限する点が挙げられる．この点，「流通・取引慣行ガイドライン」では，「事業者が市場の状況に応じて自己の販売価格を自主的に決定することは，事業者の事業活動において最も基本的な事項であり，かつ，これによって事業者間の競争と消費者の選択が確保される．メーカーがマーケティングの一環として，又は流通業者の要請を受けて，流通業者の販売価格を拘束する場合には，流通業者間の価格競争を減少・消滅させることになることから，このような行為は原則として不公正な取引方法として違法となる」としている．

このように価格決定の自由を制限する場合を厳しく規制するのは，価格が競争手段として最も重要だからである．

4　正当な理由

再販売価格維持行為に「正当な理由」が認められる場合とはどのような場合であるか．

独占禁止法23条は，再販売価格維持行為に対する同法の適用除外を定めている．この適用除外については別途講述することとし，ここでは適用除外制度以外のものでも「正当な理由」があるかについて検討する．

(a) まず「正当な理由」についてであるが，最高裁は「明治商事事件」（最高裁昭和50年7月11日判決・審決集22巻198頁）において，「専ら公正な競争秩序維持の見地からみた観念であって，当該拘束条件が相手方の事業活動における自由な競争を阻害するおそれがないことをいう」と判示した．

　　＊ちなみにこの事件では，育児用粉ミルクは乳幼児にとっての主食であることから，一定の価格で安定的に供給される必要がある旨の主張がなされたが，「事業経営上必要あるいは合理的であるというだけでは，右の『正当な理由』があるとすることはできない」とし，また，適用除外とされる指定の要件に事実上適合すれば，公正取引委員会の指定を受けなくても「正当な理由」があるものと認められるかについても，「指定を受けない以上，当該商品が事実上……指定の要件に適合しているからといって，直ちにその再販売価格維持行為に右の『正当な理由』があるとすることはできない」，と判示した．最高裁によれば，この適用除外制度は2条9項4号とは経済政策上の観点を異にする規定であるとされ，すべての販売業者に対して一般的・制度的に，再販売価格維持行為を行うことは，「正当な理由」を有しないも

のとされている.

(b) メーカーが委託販売の形態をとって販売をしている場合に,受託者たる相手方の販売価格を指示・維持する行為が違法になるか.委託者の危険負担と計算において行われる真正の委託販売であれば,2条9項4号柱書の「商品を購入する相手方」要件を満たさないので,一般指定12項の問題となる.

「流通・取引慣行ガイドライン」によれば,「委託販売の場合であって,受託者は,受託商品の保管,代金回収等についての善良な管理者としての注意義務の範囲を超えて商品が滅失・毀損した場合や商品が売れ残った場合の危険負担を負うことがないなど,当該取引が委託者の危険負担と計算において行われている場合」(この場合が,真正の委託販売である)には,取引先(受託者)への価格指示は「通常,違法とならない」とされる.

「森永乳業事件」(公取委昭和52年11月28日審判審決・審決集24巻106頁)では,危険負担と計算の点において真正の委託販売とは認められず,実質的には売買契約であるとされた.また,同事件では,「委託者が受託者に対して委託商品の販売価格の指示及びその販売先の指定を行う委託販売が,その内容及び取引の実態を問わず,およそ独占禁止法に抵触しないものとは解されない」と述べている.したがって,真正の委託販売の場合であっても公正競争阻害性を有する場合があると判断してよかろう.その場合は,委託販売形態を採用する必要性を,個別に判断することになる.

* 委託販売形態の経済的機能の一つは,取引相手の市場支配力の行使を抑制し得るところにある.

(c) 再販売価格維持行為は,通常,指示した再販売価格以下での販売を禁止するものであるが,逆に最高再販売価格を指示して,その価格以上で販売してはならないとする再販場価格維持行為を行った場合,「正当な理由」があるとして適法とされるか.

メーカーが,最高再販売価格維持行為を行うのは,特定地域での市場支配的地位を利用して,大規模流通業者や自動車ディーラーが売れ筋商品や人気車種をメーカー希望小売価格よりも高めに設定し,それを原資に他の商品を安売りする例があり,消費者の反発を招いているからである.アメリカで問題となった論点である.アメリカでは,再販売価格維持協定について,価格の如何を問

わず原則として違法としてきた．しかし，1997年の連邦最高裁で，メーカーと流通業者との最高再販売価格協定は，消費者の利益に反しないとして適法と判決された．かかる拘束は，理論上，資源配分上の効率性を改善し，かつ消費者の利益となることは明白である．

第11節　優越的地位の濫用

1　概　　要

　独占禁止法2条9項5号および6号ホは，「自己の取引上の地位が相手方に優越していることを（正常な商慣習に照らして）不当に利用して，相手方と取引すること」を対象として規定する．そして，これに基づいて一般指定13項も定められている．

　同5号では，3項目にわたって「取引上の地位の不当利用」の内容が列挙されている．すなわち，①継続して取引する相手方（新たに継続して取引しようとする相手方を含む．以下，同じ）に対して，当該取引に係る商品または役務以外の商品または役務を購入させること，②継続して取引する相手方に対して，自己のために金銭，役務その他の経済上の利益を提供させること，③取引の相手方からの取引に係る商品の受領を拒み，取引の相手方から取引に係る商品を受領した後当該商品を当該取引の相手方に引き取らせ，取引の相手方に対して取引の対価の支払を遅らせ，もしくはその額を減じ，その他取引の相手方に不利益となるように取引の条件を設定し，もしくは変更し，または取引を実施すること，以上である．

　上記の内容をみると，本項の包括的な性格を有する規定と相俟って，不公正な取引方法の他の行為類型に該当する内容のものも窺われるところである（例えば①や②は，抱き合わせ販売・取引強制にも該当する）．

　ところで「取引上の地位の不当利用」は，大企業と中小零細企業の間，企業と消費者の間でままみられるところである．それゆえ，例えば，大規模小売業に対する特殊指定の中には，納入業者に対する不当返品・値引きの強要が掲げられており，また金融機関については，その歩積・両建などの拘束預金が禁止されているが，これらは本項に該当する行為である．

　ここで，拘束預金とは，金融機関が貸付に際して，借り手に対して預金を強制し，その引き出しを認めない場合をいう．これには，金融機関が手形割引に

際して割引額の一部を預金させる「歩積預金」と貸付に際して貸付額の一部を預金させる「両建預金」とがあり，借り手が申し込んだ借入額に預金させる金額を上乗せして貸し付ける場合をとくに「即時両建」という．

いずれの掲示も，わが国の各業種では定型的に「取引上の地位の不当利用」が行われてきたことを捉えての規制とみることができる．

さらに，「流通・取引慣行に関する独占禁止法上の考え方」でも，「押し付け販売」等の行為について違法となる場合を改めて明らかにしている．これは従来，大規模事業者が納入業者に対して様々な本項違反の行為を繰り広げてきたとみられることが多かったので，それを受けての措置であるといえる．

以下，5号の要件について検討するが，公正競争阻害性をめぐる議論の発端となったように，本項はあまりに包括的にすぎており，競争秩序に影響を及ぼすものとは認識しがたく，異質な規定とみられる．もっぱら，大企業による中小零細企業に対する取引上の力の濫用ともみられかねない．それで，通説的見解は「自由競争基盤の確保」を軸にして公正競争阻害性を捉えようとするのである．

ともあれ，本項はわが国固有の規定と位置付けられ，アメリカ反トラスト法にはかかる趣旨の規定はない（もっとも，本項のモデルはドイツ競争制限禁止法の濫用禁止規定に求められる．しかし，それは市場支配的地位の濫用禁止であって，具体的に市場支配的地位の濫用行為を例示しており，本項と共通点を有するものの，優越的地位の濫用に限られるものではない．ドイツ競争制限禁止法にみる濫用禁止については，田中裕明『市場支配力の濫用と規制の法理』参照）．

2 優越的地位の濫用の要件

(1) 優越的地位

取引上の地位の優越性は，相対的優越性で足りると解される．当該市場で支配的地位にある必要はない．当該事業者が個別の取引において，取引の相手方に対して優越していれば足りるわけである．

ここでいう相対的優越性は，取引当事者間における事業能力あるいは企業規模の較差として現れることもあるが，それ自体ではない．たとえ事業能力に劣り，または小規模であっても，その事業者が他の事業者では行使し得ない技術を有していたり，排他的な商品販売権などを有していたりする場合には，取引の相手方に対する関係で優越することがあるわけである．

要は，濫用行為との関係からみて，事業能力，企業規模に関わりなく，取引の相手方が濫用行為を甘受せざるを得ないような関係が当該事業者との間に存在することが，ここでいう相対的な優越性である．例えば，「三越事件」（公取委昭和57年6月17日同意審決・審決集29巻31頁）では，三越が納入業者に対し，同社の販売する各種の商品等の購入を強く要請した行為（＝押し付け販売）が本項に該当するとされた．

また，しばしば金融機関が融資先との融資条件について，その取引上の地位を利用することが指摘される．

(2) 濫用行為

法2条9項5号が掲げる濫用行為は以下の通りである．

イ）継続して取引する相手方に対し，当該取引に係る商品または役務以外の商品または役務を購入させること

いわゆる「押し付け販売」がこれに該当する．前記「三越事件」にみる「お勧め販売」の他，「三井住友銀行事件」（公取委平成17年12月26日勧告審決・審決集52巻436頁）では，融資先に対して金融商品を購入させていることが，イ）違反とされた．また「山陽マルナカ事件」（公取委平成16年4月15日勧告審決・審決集51巻412頁）では，納入業者に対して，納入業者等を対象とした展示販売会において紳士服を購入させていることが，イ）違反とされた．

ロ）継続して取引する相手方に対し，自己のために金銭，役務その他の経済上の利益を提供させること

協賛金や手伝い店員の派遣強要などがこれに該当する．前記「三越事件」では，納入業者に対して，売場改装費や催物費用を負担させていたことが問題とされた．「ローソン事件」（公取委平成10年7月30日勧告審決・審決集45巻136頁）では，仕入割戻金を一方的に増額修正し，また納入業者に商品の一定個数を1円で納入させていたことが，ロ）違反とされた．また，「全国農業協同組合連合会事件」（公取委平成2年2月20日勧告審決・審決集36巻53頁）では，全農が，需要者が系統ルートから系統外ルートに変更することを防止するため，両者の差額を補填するための費用を指定メーカーに負担させていたことが，ロ）に該当するとされた．

ハ) 取引の相手方からの取引に係る商品の受領を拒み，取引の相手から取引に係る商品を受領した後当該商品を当該取引の相手方に引き取らせ，取引の相手方に対して取引の対価の支払を遅らせ，もしくはその額を減じ，その他取引の相手方に不利益となるように取引条件を設定し，もしくは変更し，または取引を実施すること

これには，不当な値引き，押し込み販売，歩積・両建預金，不当な払込制などが該当する．

押し込み販売については，「新聞業における特定の不公正な取引方法」によれば，販売業者が注文した部数を超えて新聞を供給することや販売業者に自己の指示する部数を注文させ，当該部数の新聞を供給することなどが正当かつ合理的な理由のない行為として禁止されている．また，払込制とは，メーカー（または販社）が，販売業者に自己の販売政策に従わせるために，売買差益の全部または一部を徴収・保管し，一定期間経過後に払い戻すことをいう．

「岐阜商工信用組合事件」（最高裁昭和52年6月20日判決・民集31巻4号449頁）では，実質貸付額に対する十分な物的・人的担保があるにもかかわらず，貸付金総額に対する比率が52.2％にも達する拘束預金を課し，実質金利が利息制限法所定の制限比率を超過していることをもって，歩積・両建預金を独占禁止法違反とした．

その他，親事業者による下請事業者に対する買いたたきなども本号に該当する．

法2条9項6号ホ）　自己の取引上の地位を不当に利用して相手方と取引すること

これは，取引の過程で相手方に対し行われる一切の不利益となる行為であり，前記各項目に該当しない濫用行為を包括的に規制するものである．

平成16年3月31日付「役務の委託取引における優越的地位の濫用に関する独占禁止法上の指針」によれば，コンピュータ・ソフトウェア等の情報成果物を取引の対象とする役務の委託取引において，取引上優越した地位にある委託者が，受託者に対し，当該成果物が自己との委託取引の過程で得られたことまたは自己の費用負担により作成されたことを理由として，一方的に，これらの受託者の権利を自己に譲渡または許諾させたりする等の行為を，優越的地位の濫用に該当するおそれがあるものとしている．

流通系列化の手段として，メーカーが自己の組織するチェーンに加盟する小

売業者に対し,「規約,約定書を一方的に解釈して相手方に不当な義務を課し,さらにそれを励行するために取引保証金の没収等をもって臨んでいる」こと(「第二次大正製薬事件」(公取委昭和30年12月10日勧告審決・審決集7巻99頁))も,本号に該当する.

そのほか,本号に該当する行為に返品制や多頻度小口配送の要請がある.

小売業者が購入した商品を納入業者に返品する行為は,商品に瑕疵がある等正当な理由がある場合には独占禁止法上も問題とされることはない.「流通・取引慣行ガイドライン」には,次のような違法の場合を掲げている.

(Ⅰ)どのような場合に,どのような条件で返品するか,取引当事者間で明確になっていない場合であって,納入業者にあらかじめ計算できない不利益を与えることとなる場合,(Ⅱ)次のような返品を行い,納入業者にとって不利益を与えることとなる場合.すなわち,(a)納入業者の責に帰すべき事由によらない汚損商品,毀損商品等の返品((ア)展示に用いたために汚損した商品の返品,(イ)小売用の値札が貼られており,商品を傷めることなく剥がすことが困難な商品の返品,(ウ)小売業者がメーカーの定めた賞味期限とは別に独自にこれより短い販売期限を定め,この販売期限が経過したことを理由とする返品),(b)小売業者のプライベート・ブランド商品の返品,(c)月末または期末の在庫調整のための返品,(d)小売業者の独自の判断に基づく店舗または売り場の改装や棚替えに伴う返品.

多頻度小口配送の要請とは,スーパーマーケットやコンビニエンス・ストアが,納入業者に商品を少量の単位で何回も配送を要求する行為をいう.コンビニエンス・ストア等チェーン展開をしている場合に,狭い店舗を有効利用するために,このように納入業者に対して,仕入れを少量単位で,かつ頻繁に配送させるようになっている.「流通・取引慣行ガイドライン」では次のような場合に違法になるとしている.すなわち,多頻度小口配送を要請し,これによって納入に要する費用が大幅に増加するため納入業者が納入単価の引き上げを求めたにもかかわらず,納入業者と十分協議することなく一方的に,通常の対価相当と認められる単価に比して著しく低い納入単価で納入させることとなる場合である.なお,「通常の対価相当と認められる」かどうかは,従前の納入単価,同様の多頻度小口配送の条件で取引している他の納入業者の納入単価等から総合的に判断される,としている.

なお,一般指定13項では,「自己の取引上の地位が相手方に優越していることを利用して,正常な商慣習に照らして不当に,取引の相手方である会社に対

し，当該会社の役員（法2条3項の役員）の選任についてあらかじめ自己の指示に従わせ，または自己の承認を受けさせること」も，優越的地位の濫用の規制対象となる．

この役員選任に関する不当干渉の事例に，「日本興業銀行事件」（公取委昭和28年11月6日勧告審決・審決集5巻61頁）がある．これは，金融機関が融資先会社の救済と再建に乗り出した際に，その役員選任に干渉し，その範囲も社長以下常務取締役全員に及ぶことから，債権保全の見地から正当化されないとして違法とされたものである．同様の事案として，「三菱銀行事件」（公取委昭和32年6月3日勧告審決・審決集9巻1頁）がある．

(3) 公正競争阻害性

通説的見解によれば，2条9項5号は，「自由競争基盤の確保」のための規定であると位置付けられる．他方，少数説によれば，「力の濫用」を規制する総括的な規定であるとされる．いずれにせよ，本号の公正競争阻害性のとらえ方自体については実質的な差異はない．

同5号では，「正常な商慣習に照らして不当に」という文言が，優越的地位の濫用行為における「公正競争阻害性」に係る要件である．「正常な商慣習」については，一般指定9項と同様に公正な競争秩序の観点からみて是認される商慣習のみが認められるという趣旨である．そして，優越的地位の濫用の違法性判断において「正常な商慣習」が問題となることはない．もっぱら不当性を判断する際に，当該業界ないし市場において行われてきたもしくは現に存在する商慣習または取引慣行が参酌されるというにとどまる．例えば，前述の，金融機関が融資先に対して拘束預金を要求すること自体は「正常な商慣習」として是認されていたとしても，拘束預金比率や実質金利の程度によって不当と判断されることになる．

優越的地位の濫用の公正競争阻害性について，通説的見解によるにせよ，市場における競争を減殺することは要件ではない．すなわち，優越的地位にある事業者による濫用は，市場における自由な競争そのものを直接侵害するおそれがあるものではないが，当該取引の相手の競争機能の発揮を妨げ，まず不利益を押しつけられる相手方は，その競争者との関係において競争条件が不利となり，次に行為者の側においても，価格・品質による競争とは別の要因によって有利な取扱いを獲得し，競争上優位に立つこととなるおそれがある（昭和57年

7月8日独占禁止法研究会報告「不公正な取引方法に関する基本的な考え方」).

　また実務をみても，市場における競争への具体的な影響を認定する必要はないとの取扱いがなされているようである．結局，個別的な抑圧性をとらえての運用となっている．

　公正取引委員会の運用をみると，優越的地位の濫用規制は，公正な競争秩序を維持するための規制であり，「行為の広がり」を考慮に入れて，公正な競争秩序に関わりがある場合において規制するとの考え方に立っているといえる．ここでいう「行為の広がり」とは，対象となる相手方の数，組織性・制度的要因の有無，行為の波及性・伝播性の有無を指す．

第12節　不当な取引妨害・内部干渉（一般指定14項・15項）

1　両行為の特徴

　独占禁止法2条9項6号へは，競争者の取引を妨害する行為および競争会社の意思決定に干渉する行為を不公正な取引方法として定めている．これら二つの行為は，形態上，公正な競争秩序に対する侵害というよりも，私的な利益の侵害という性格を持っている．その対象が競争事業者の事業活動に対する直接的妨害行為だからである．一般指定14項は，競争事業者の外部活動（競争事業者とその取引の相手方との間の取引）に対する不当な妨害行為を対象とし，15項は，競争事業者である会社に対する不当な内部攪乱行為を対象としている．

2　競争者に対する取引妨害

(1)　取引妨害の意義

　一般指定14項は，① 自己と国内において競争関係にある他の事業者とその取引の相手方との取引について，または ② 自己が株主・役員となっている会社と国内において競争関係にある他の事業者とその取引の相手方との取引について，妨害を行う場合を規制の対象としている．

　14項の取引妨害は前述のように，15項の内部干渉とともに，特定の競争者の事業活動に対する直接的な妨害行為である．市民法のルールに既に反しており，社会的非難の対象ともなる行為である．したがって，その手段行為についてはときに刑法，軽犯罪法に抵触するものとしての評価を受けることもあり，公正な競争を阻害するおそれがあるときには独占禁止法違反とされる．

一般指定14項の「自己」とは，事業者のことであるが，①の場合には，事業者である行為者が，競争会社の取引を妨害する場合を指している．しかし，②の場合の自己は，事業者である場合と，事業者でない個人または団体である場合—他の事業者と競争関係にある会社の株主もしくは役員であるにすぎない場合とがある．独占禁止法19条は事業者でない者には適用がないから，事業者でない株主もしくは役員が一般指定14項の取引妨害を行っても，この者には19条は適用されない．しかしこの者が一般指定14項の行為によって競争会社の株式を取得し所有するときは，「会社以外の者は，……不公正な取引方法により会社の株式を取得し，又は所有してはならない」とする独占禁止法14条に違反し，同条の適用を受ける．一般指定14項が事業者以外の者の取引妨害行為も規制の対象に入れたことの意義はこの点にある．

　　＊株主が事業者である場合は考えられるが，役員が事業者であるというのは，個人事業者のような場合以外にはない．一般指定14項が適用された事例で，株主や役員が違反行為者とされた例はない．

　一般指定14項にいう取引妨害行為とはどのような行為をいうのであろうか．一般指定14項は，「契約の成立の阻止，契約の不履行の誘引」を挙げている．したがって，対象となる取引は，契約履行中であると，妨害がなければ成立したであろうものとを問わない．また，継続的取引たると，一回限りの取引であるとを問わない．さらに取引の相手方が需要者であると供給者であるとを問わない．

　妨害の方法については，「その他いかなる方法をもってするかを問わず」とされているように，「その取引を不当に妨害する」すべての行為を含む．中傷，誹謗，商事賄賂，会社の乗っ取り，使用人の引き抜き，出訴すると威嚇する行為などである．

(2) 公正競争阻害性

　取引妨害の公正競争阻害性について，昭和57年7月8日付の独占禁止法研究会報告「不公正な取引方法に関する基本的な考え方」は，「競争が価格・品質・サービスを中心として行われているかどうかの観点から見て，競争手段として不公正であることが問題となる」としている．しかし，競争とは，事業者が競争者との競い合いの過程で，顧客に安い価格やよりよい条件を提示するこ

とによって競争者から顧客を奪い,または契約の成立を阻止することなどによって行われるものである.したがって,取引妨害とみられる行為の中には通常の競争の過程でも行われるものもある.競争者に対する取引妨害を広範に規制すると,通常の競争プロセスへの過剰な規制となるおそれもある.「不当な」取引妨害との区別は重要な問題の一つである.

これまでの14項に関する事例からみて,取引妨害の公正競争阻害性は,「競争手段の不公正さ」に該当する場合と「自由競争の減殺」に該当する場合とに分けられる.そしてこれらの視点から行為類型を分けると,① 競争者の取引機会の奪取,② 並行輸入の阻害そして,③ 民法,不正競争防止法等の観点からみて非難に値する妨害（競争基盤の侵害）の三つが挙げられる（金井『独占禁止法（第2版）』180頁以下参照）.

① 取引妨害による競争者の取引機会の奪取

これは,競争者とその取引相手との取引を妨害する行為によって,競争者の取引機会を奪い,市場閉鎖効果をもたらす点で,公正競争阻害性が認められるものである.

例えば,「熊本魚事件」（公取委昭和35年2月9日勧告審決・審決集10巻17頁）では,魚市場で取扱高の約85％を占める卸売業者「熊本魚株式会社」が,競争関係にある卸売業者を当該市場から排除する目的で,㈠当該市場で卸売業者と取引する買受人のすべてと,自己とのみ取引するよう要求し,㈡競争業者と買受人との契約の更新を威圧を加えて阻止し,さらに㈢競争業者のセリ場の周囲に障壁を設けるなどして競争業者のセリによる取引を妨害し,これらの行為によって競争業者と取引していた買受人の数を著しく減少させた.本件は,熊本魚株式会社による競争者に対する取引妨害として現行一般指定14項違反とされた.

本件は,脅迫,威圧,物理的手段によって競争者の取引が阻止された場合である.

＊本件の㈠の事実に対しては,排他条件付取引とされた.

また,独占禁止法上違法な行為の実効性確保手段として取引妨害が用いられることがある.この場合は,その他の行為類型と同様,当該妨害手段も違法となる.すなわち,カルテルまたは協同組合が,共同行為の実効性を確保する際

に，アウトサイダーとその取引先との取引を妨害する場合には，独占禁止法3条後段違反とされるとともに当該取引妨害が一般指定14項違反とされたり，あるいは同8条4号違反とされるとともに，アウトサイダーの取引妨害が同8条5号違反とされる．

「関東地区登録衛生検査所協会事件」（公取委昭和56年3月17日同意審決・審決集27巻116頁）では，会員または非会員が，会員の顧客を奪取した場合には，当協会が当該行為の中止，奪取した顧客の返還等を申し入れるとともに，これに従わなかった非会員の顧客に対し，会員をして一斉に営業活動を行わせて当該非会員の顧客を奪取させるなどの行為を行っていたが，この顧客争奪の禁止が独占禁止法8条4号違反とされるとともに，非会員の取引妨害が同8条5号違反とされた．

② 並行輸入の阻害

外国の事業者と日本の輸入業者との間で，日本の輸入業者に当該ブランド商品の日本国内での独占的販売権を与える契約を輸入総代理店契約という．これに対し，輸入総代理店以外の輸入業者が第三国から，輸入総代理店が扱っている有名ブランド商品を輸入し，日本国内市場で低価格で販売することがある．これが「並行輸入」である．並行輸入業者は，輸入総代理店が築いてきたブランドの信用に「ただ乗り」し，専ら低価格で販売しようとする．このため，輸入総代理店は，並行輸入を阻止しようとする．このような並行輸入を阻害，妨害する行為が，独占禁止法違反となるかどうかが問題となる．

> ＊商標権等の知的財産権を侵害しない真正商品の並行輸入は，流通ルートを複数化し，輸入総代理店の価格形成に対し，競争圧力として機能することにより，当該商品のブランド内競争を促進する．そのブランドについて製品差別化が進んでいたり，他のブランドとの間のブランド間競争が活発でないならば，並行輸入の阻害は市場全体の自由競争へも影響を与えることになる．
> ＊＊並行輸入の阻害は，ブランド内競争を制限する効果をもち，自由競争を減殺する効果ももつ点に公正競争阻害性を認めることができる．

「流通・取引慣行ガイドライン」によれば，並行輸入の阻害，妨害行為として，(ｱ)並行輸入業者の海外における取引先に対して，並行輸入業者への販売を中止させる，(ｲ)卸売業者に対して，並行輸入商品を取り扱う小売業者には

販売しないようにさせる，(ウ)真正の並行輸入品を偽物扱いし，商標権の侵害であると称して販売を止めさせる，(エ)国内の販売業者に対して，並行輸入品を取り扱わないようにさせる，(オ)並行輸入品の買い占め，(カ)並行輸入品の修理の拒否，(キ)並行輸入品の広告，宣伝活動の妨害，等が挙げられている．

そして，ガイドラインは，これらの並行輸入の阻害が，輸入総代理店契約の対象商品の「価格を維持するために行われる場合」に公正競争阻害性を求めており，かかる場合には，一般指定12項（拘束条件付取引）または14項に当たるとしている．その際，行為者の主観的意図ではなく，妨害行為が行われた状況を総合的に考慮して判断される．例えば，輸入総代理店の取り扱う商品に値崩れが生じることが予想されるような状況において，前記ガイドラインに掲げたような妨害行為が行われれば，それは「価格を維持するために行われた」ものと認められると解されている．

　　＊根岸＝舟田『独占禁止法概説［第5版］』（295頁）によれば，並行輸入の阻害の主目的は，多くの場合単なる価格維持だけでなく，並行輸入業者の排除それ自体にある，とされる．

並行輸入の阻害が独占禁止法違反とされた事例としては，(a)海外の流通ルートからの真正商品の入手を妨害した場合と，(b)販売業者に対して並行輸入品の取扱いを制限する場合とがある．

(a)に当たる事例に「ミツワ自動車事件」（公取委平成10年6月19日審判審決・審決集45巻42頁）がある．ポルシェ車を輸入していたミツワ自動車は，自己と国内において競争関係にある並行輸入業者とその取引の相手方である他国の輸入総代理店との取引を中止させていたことが一般指定14項に該当するとされた．

(b)に当たる事例として，「ラジオメータートレーディング事件」（公取委平成5年9月28日勧告審決・審決集40巻123頁）がある．本件では，一手販売権を与えられたラジオメータートレーディング社が，取引先販売業者に対して，並行輸入の試薬を取り扱わないよう要請し，応じない場合は，試薬供給停止，血液ガス分析装置の保守管理中止を通告したというものであった．同社の行為は，自己と国内において競争関係にある並行輸入試薬を取り扱う輸入販売業者とその取引の相手方との取引を妨害しているとして，一般指定14項に該当するとされた．

　　＊これらの審決では，公正競争阻害性について具体的事実を摘示しておらず，その阻害・妨害行為それ自体をもって，輸入総代理店の契約対象商品の価格を維持するた

めに行われたものと認定しているようである．いずれにせよ，並行輸入の阻害・妨害行為がいかなる意味において公正競争阻害性があるのかについて，必ずしも明確にはされていない．

公正取引委員会が，「商品の価格が維持されるおそれ」という要件よりも緩い要件で公正競争阻害性を認めているのは，内外価格差を解消するための政策的配慮からと思われる．

③ 競争基盤の侵害

近年，民事法規の領域においても競争秩序の維持に一定の役割を果たすことが期待されるようになってきている．すなわち，民法，商法，不正競争防止法等の観点からみて非難に値する妨害行為が，同時に公正な競争を阻害するおそれを有するときには，独占禁止法上も違法とすべきとされるようになっているのである．競争の基盤を破壊する行為は，民法等で非難されるだけでなく，独占禁止法の公正な競争秩序の観点からも，不正な競争手段として非難される場合もあるわけである．

事例としては，「東京重機工業事件」（公取委昭和38年1月9日勧告審決・審決集11巻41頁）がある．本件では，ミシンの製造・販売業者が，ミシン等の販売に当たり他社と予約販売契約をしている契約者に対し，他社への掛金の払い込みをとりやめてミシン等の購入先を自社に変更するように勧誘しており，その際，他社に払い込み済みの掛金の全部または一部に相当する金額の値引きを申し出て，他社の相当数の契約を解約させたことが，不当な取引妨害とされた．しかし本件に対しては，本件は良質廉価な商品を供給したり，競争者より有利な取引条件を提供するという通常の競争ではないかとの批判や，本件を違法とすれば，通常の競争行為とどのように区別するのかという問題が提起されていた．もっとも近年，民法学等の研究から，本件行為は，不法行為を構成するような債権侵害行為が行われたものとみて，それゆえ競争手段として不公正であると解される．

3　競争会社に対する内部干渉

一般指定15項は，事業者が，① 自己と国内において競争関係にある会社の株主または役員に対し，または ② 自己が株主・役員となっている会社と国内

において競争関係にある会社の株主または役員に対し，株主権の行使，株式の譲渡，秘密の漏洩等の方法によって，その会社の不利益となる行為をするように，不当に誘引し，そそのかし，または強制する行為を禁止している．

　15項を分説すると，まず，内部干渉の行為主体は，「事業者」または「株主もしくは役員である事業者」である．次に，内部干渉の相手は，国内において競争関係にある会社の株主または役員である．そして，内部干渉の方法は，株主権の行使，株式の譲渡，秘密の漏洩等であるが，「その他いかなる方法をもってするかを問わず」と規定されているので，これらに限られるものではない．「その会社の不利益となる行為をするように，不当に誘引し，そそのかし，または強制する行為」のすべてが対象となる．さらに，内部干渉は不当性を有するものであって，公正な競争を阻害するおそれのあるものであることを要する．

　以上のように，本項は，競争会社の株主や役員をそそのかすなどして，その意思決定や業務執行に影響を与えることによって公正な競争を阻害する行為を規制するものである．

　本項が適用された事例は，これまでのところない．

第8章　国際協定・契約の規制

第1節　経済のグローバル化と独占禁止法

　周知の通り，経済活動は今日，一国内のみでは成り立たなくなっており，自国の事業者が海外に商品・サービスを輸出したり，海外に生産拠点を設けたりする事態となっている．また，海外の事業者による自国市場への進出も顕著となっている．かかる経済のグローバル化に伴って生じる世界規模での競争や，国内市場での競争への影響にどう対処するべきか，大きな問題となっている．例えば，国境を越えた形での企業結合や技術供与・援助契約，そしてワールドワイドな市場分割カルテルなど多様な競争制限的行為が認められる．そのほか，日本の事業者が関わらない外国事業者のみによる競争制限的行為が日本の市場に競争制限的効果を及ぼすこともある．

　残念ながら今日，かかる事態に対処できる国際独占禁止法のような法は存在しない．また，一国の法の適用は当該国の領域内に限定されるのが原則である．しかし，上述のような状況の下で，この原則を貫くことは困難である．

　現行独占禁止法の下での，国際的な競争制限的行為に対する規制としては，(1)国際的競争制限的行為に参加している日本の事業者に対する当該行為の禁止（6条）と，(2)日本の市場に競争制限的効果をもたらしている外国事業者に対する，日本の独占禁止法の適用（独占禁止法の域外適用）がある．近年脚光を浴びてきているのが（問題を含みつつではあるが），(2)の域外適用である．

　そのほか，各国の競争法の規制の面での差異が貿易障壁となる場合もあることから，WTO（世界貿易機関）が各国の競争法の調和を図る作業を実施し，国際的な反競争的取引や国際カルテルなどに対し，多数国間での問題解決を目指している．

第2節　独占禁止法6条による規制

　6条によれば，事業者が，不当な取引制限または不公正な取引方法に該当する事項を内容とする国際協定・契約を締結することを禁止している．

　ここでいう国際協定・契約とは，① わが国の事業者が外国の事業者または事業者団体と締結した，② わが国と外国との間で，商品・技術等を移動することを内容とする協定・契約で，③ わが国の市場（わが国の輸出取引または輸入取引の分野を含む）における競争を実質的に制限するもの，である．もっとも，国際協定・契約であってもそれによって不当な取引制限または不公正な取引方法が行われる場合には，3条後段または19条によって禁止することができる．

　6条が禁止するのは，事業者が国際協定・契約によって不当な取引制限または不公正な取引方法を行うことではなく，不当な取引制限または不公正な取引方法に該当する事項を内容とする国際協定・契約の締結自体である．すなわち6条は，事業者がかかる協定・契約の当事者になること自体を禁止している．したがって，国際協定・契約の内容それ自体が直接不当な取引制限または不公正な取引方法を構成するものではなく，事業者に不当な取引制限または不公正な取引方法を行わせることを義務づけるにとどまる場合には，6条の禁止対象とすることができる．

　従来の6条の運用をみると，渉外問題を回避して，国際協定・契約の外国当事者ではなくて，もう一方の当事者である日本の事業者のみを規制対象にするという方法が採用されてきた．この方法は，いわば6条の便宜的な適用であり，講学上，6条の「間接的域外適用」と位置づけられる．すなわちこれは，管轄権上の理由から，外国事業者を3条または19条によって直接規制することが困難な場合に，日本の事業者に当該協定・契約に参加することを禁止することで，間接的に規制することである．6条の存在意義は，この点にあるとされる．

　＊間接的域外適用の事例については，天野・ノボ事件がある（最高裁昭和50年11月28日判決・民集29巻10号1592頁）．本件では，デンマークの事業者であるノボ社が日本の事業者である天野製薬と国際契約を締結し，天野はノボ社の製造する洗剤の原料であるアルカラーゼの日本などにおける一手販売権を与えられたが，この国際契約には，天野が ① この製品の再販売価格維持をしなければならない，② 競合品を契約期間中と契約終了後3年間取り扱ってはならない，および ③ 競合品を契約期

間中と契約終了後も製造してはならないという拘束条件が付されていた．この国際契約は締結後2年たって公正取引委員会に届出られた（この届出制度は，平成9年の改正で廃止された）が，同委員会はこれらの条項が不公正な取引方法に該当する内容であるとして天野に対して排除勧告したところ，天野がこれを応諾したので，天野に対して前記②および③の条項を破棄するよう命ずる勧告審決が出された．
　ノボ社はこの審決を不服として，東京高裁に公正取引委員会を相手として提訴したが，東京高裁は，違法とする審決があったからといってその理由でただちに当該契約が私法上無効になるわけではないので，当該審決によってノボ社の法律的利益はただちに害されているとはいえないことを理由として，ノボ社の原告適格を否定する却下判決を下した．ノボ社はさらに最高裁に上告したが，最高裁は，勧告審決は勧告応諾者の意思表示を基礎としており名宛人を拘束するが，契約の相手方等第三者を拘束するものではなく，たとえ当該契約違反の訴訟が起きたとしても，名宛人は勧告審決があることを以て契約違反の訴追に対する抗弁とはなしえないとの理由で，当該審決によってノボ社の法律的利益は害されておらず，原告適格がないと判示した．

　この判決は審決取消の原告適格の範囲を狭く解したものである．本件に対しては学説の側からは，上述のような形式論で原告適格を否定することには問題があり，6条を根拠として間接的域外適用を行うことは，外国事業者に対する適正手続きの保障を損なうことになる危険性が高い，との批判がある．さらには，本件は明らかに日本の独占禁止法の適用範囲にあり，現行法上の排除措置命令書をノボ社に送達できさえすればノボ社に19条を適用できたはずである，との主張もある．6条の位置づけをめぐっては，後述の域外適用等の議論もあり，その役割を終えたとする声も多い．

　当時の公正取引委員会の姿勢としては，6条を域外適用を回避するように解釈・運用することで，日本の事業者を外国からの技術導入契約などの条項による事業活動の拘束から解放し，日本の事業者を保護するねらいがあったとみられる．

　なお，平成14年の法改正により，既往の違反行為に対する措置規定に6条が追加され，既往の違反行為に対しても排除措置を命じることができるようになった（7条2項，8条の2第2項）．これによって，国際カルテルが終了した後も外国事業者を名宛人として排除措置を行うことで，国際カルテルの将来の再発を防止することができる．

第3節　域外適用

　法の域外適用とは，国家が自国の領域外にある人，財産または行為に対して国家管轄権を行使すること，といわれる．

　では，国外で行われる行為について自国の独占禁止法の規定をどこまで適用できるのか．これは，立法管轄権原則と呼ばれる問題であるが，この問題に対する考え方としては，①国内で行われる行為に適用できるとする「属地主義」，②一連の行為のうち主要な行為が一部でも国内で行われる場合に，一連の行為全体について適用できるとする「客観的属地主義」，そして③国外で行われる行為が国内に実質的な効果を有する場合に国外の行為について適用できるとする「効果主義」がある．

　今日，独占禁止法の主要な禁止規定については，欧米先進国と同様に，日本国外における行為についても，日本の市場に直接，実質的な効果を及ぼし，その効果が予測可能なときには，これを適用することができると解釈されるようになっている．

　また，近年，日本政府，公正取引委員会は，独占禁止法（競争法）の国際的な施行体制の整備に向けて，二国間協力協定を積極的に締結する方針をとり，平成11年10月に「日米協力協定」を，平成15年7月に「日EU協力協定」を，平成17年9月に「日加協力協定」を締結している．このように海外の競争当局間協力が進展しており，調査協力，情報提供などが（一定の制約を条件としつつ）行われるようになってきている．

　以上のような競争当局間協力の深化と，国際的に競争法についての管轄権原則として「効果主義」の原則が認められていることから，日本の独占禁止法上の立法管轄権原則としても「効果主義」が採用されるべきである．

　独占禁止法の域外適用の事例としては，「ノーディオン社事件」（公取委平成10年9月3日勧告審決・審決集45巻148頁）があり，「効果主義」を採用した事案とされているが，本件では契約地が東京都内であったことから，「客観的属地主義」に基づいたとしても域外適用が肯定される事案である．

第9章　独占禁止法の適用除外

第1節　適用除外制度の存在理由

　独占禁止法は，その1条で示しているように，公正かつ自由な競争の維持・促進をめざし，自由競争経済秩序を形成し，これを維持する経済の基本法である．しかしながら，今日，経済のすべての分野において競争原理が妥当するわけではない．競争以外の原理・制度に経済の営みを委ねている場合も多い．このような場合には，競争を制限し阻害する行為であっても，一定の理由から独占禁止法を適用しないこととしている．これを独占禁止法の適用除外制度という．

　現行の独占禁止法の適用除外制度には，次の二つの場合がある．
　(a) 独占禁止法に基づく適用除外制度（21条から23条の規定に基づくもの）
　(b) 個別の法律（事業規制法）に基づく適用除外制度

　従来は，これら以外に，「私的独占の禁止及び公正取引の確保に関する法律の適用除外等に関する法律」に基づく適用除外制度があったが，規制緩和の流れを受けて，平成11年の独占禁止法改正において廃止された．

　独占禁止法に規定される適用除外について，これらはその性質から次の二つに分類することができる．一つは，もともと独占禁止法に違反することのないとされる行為を対象とするものである（したがって，「本来的適用除外」とも呼ばれる）．もう一つは，本来は独占禁止政策に抵触する行為であって，他の経済政策上の理由から適用除外とされるものである（こちらは，「後退的適用除外」と呼ばれる）．後者の場合には，一定の手続をすることが適用除外を受けるために必要であり，この手続を怠れば当該行為は適用除外とはされない．

　現行独占禁止法上，前者に属するものは，「知的財産法による権利行使」（21条）および「一定の組合行為」（22条）である．後者に属するものは，「再販売

価格維持行為」（23条）である．

　＊「本来的適用除外」と「後退的適用除外」の区分は，独占禁止法の適用除外制度をめぐる歴史的展開によるものである．すなわち，「後退的」との表現は，同法の改正に際して，独占禁止政策が後退したことに基づくものである．とりわけ，昭和28年の改正のときに，種々の適用除外カルテルが導入された．
　＊＊以上の記述は，田中裕明「独禁法の適用除外」日本経済法学会編『経済法講座　独禁法の理論と展開［１］』三省堂（2002年）146頁以下による．適用除外の理論的展開についても，同論文参照．

第２節　知的財産権

１　概　　要

　独占禁止法21条は，知的財産法による権利の行使と認められる行為には，独占禁止法の規定を適用しないと規定している．知的財産法によって保護される権利が知的財産権である．

　知的財産とは，知的財産基本法２条の定義によれば，「発明，考案，植物の新品種，意匠，著作物その他の人間の創造的活動により生み出されたもの（発見又は解明がされた自然の法則又は現象であって，産業上の利用可能性があるものを含む），商標，商号その他事業活動に用いられる商品又は役務を表示するもの及び営業秘密その他の事業活動に有用な技術上又は営業上の情報をいう」とされる（以上を要約して，知的財産とは「産業的に価値ある知識・情報」である，とされる）．

　これを大別すると，①知的創作を保護する権利（著作権法，特許法，実用新案法，意匠法，半導体集積回路の回路配置に関する法律，種苗法によって保護される権利）と，②営業標識を保護する権利（商標法，商法，不正競争防止法によって保護される権利）に分けられる．①は，盗用・盗作等の不正競業を防止して，発明等の知的創作活動を促進しようとするものである．②は，営業標識の「ただ乗り」を防止して，営業上の信用を保護しようとするものである．

　知的財産権の権利の本質は「排他性」にある．この排他性の反射的効果として，知的財産の排他的使用，収益，処分が許されるものと解される．また，この排他性のゆえに，従来，知的財産権の活用により，権利者以外の事業者の事業活動の自由を制約する事態が生じると，独占禁止法との抵触が指摘された．

しかし，今日では，知的財産権も独占禁止法も市場における公正かつ自由な競争秩序を形成するという点で共通の役割を果たすものと考えられるようになっている．知的財産権の活用に関わる独占禁止法上の問題は，多くの場合，知的財産権制度の趣旨を逸脱し，その目的に違背している場合である．

2 独占禁止法21条の趣旨——知的財産権の濫用について

21条は，「著作権法，特許法，実用新案法，意匠法又は商標法による権利の行使と認められる行為にはこれを適用しない」と規定する．その趣旨は，独占禁止法が知的財産権に関わる事業活動に広く適用されることを前提に，知的財産権の「権利の行使と認められる行為」に該当する事業活動には適用されないことを確認することにある．

それでは，独占禁止法の適用が除外される「権利の行使と認められる行為」とはどのようなものであるか．「特許・ノウハウライセンス契約に関する独占禁止法上の指針」（平成11年7月30日）によれば，21条は，「①特許法等による『権利の行使と認められる行為』には独占禁止法の規定が適用されず，独占禁止法違反行為を構成することはないこと，②他方，特許法等による『権利の行使』とみられるような行為であっても，それが発明を奨励すること等を目的とする技術保護制度の趣旨を逸脱し，または同制度の目的に反すると認められる場合には，当該行為は『権利の行使と認められる行為』とは評価されず，独占禁止法が適用されることを確認する趣旨で設けられたものであると考えられる」とされている．そして②については，「例えば，外形上または形式的には特許法等による権利の行使とみられるような行為であっても，当該行為が不当な取引制限や私的独占の一環をなす行為としてまたはこれらの手段として利用されるなど権利の行使に藉口していると認められるときなど，当該行為が発明を奨励すること等を目的とする技術保護制度の趣旨を逸脱し，または同制度の目的に反すると認められる場合には，特許法等による『権利の行使と認められる行為』とは評価できず，独占禁止法が適用されるものと考えられる」としている．

ガイドラインでは，独占禁止法の適用について，通常の事例では，①の考え方が前提となることを示しており，知的財産権がその趣旨を逸脱して濫用されるときには，②の考え方により独占禁止法適用の途が開かれるものとしている．独占禁止法21条の文言に即した解釈であるといえよう．しかし学説の多くは，

21条の存在が独占禁止法の適用を妨げているとしており，21条の文言に即した解釈には反対している．

> *白石『独禁法講義（第7版）』225頁の記述が理解しやすい．
> 「21条については百家争鳴の議論があるが，それらはいずれも，『反競争性を是正できるのは独禁法だけである』という強烈かつ悲壮な認識を，隠れた前提としていた．そのような前提のもとでは，知的財産法による『権利の行使と認められる行為』の範囲は競争秩序とは無関係に画定されることになり，しかしそれでは競争秩序に大きな影響を与える行為が独禁法の適用除外となる場合が出てくるので，論者たちは呻吟し，華々しく論じたわけである．しかしさらに広い視野から，『反競争性の是正は，様々な法律が相俟っておこなうものであり，独禁法はその有力な一員であるに過ぎない』と割り切れば，難点は氷解する．なぜなら，知的財産法による『権利の行使と認められる行為』の範囲が，むしろ，競争政策の観点から修正されて然るべきものだということになり，そうであるとすれば，競争秩序に大きな影響を与える行為は『権利の行使と認められる行為』ではないとされ，独禁法の適用対象となり得ることになるからである．知的財産法の及ぶ範囲が競争政策を旨として定められるべきことは，現在では，知的財産基本法10条にも規定されている．」

3 権利の消尽

知的財産権の行使に関連して，特許権等の知的財産権がどこまで及ぶのかが問題となる．この問題に対しては，一旦適法に拡布されたときは，当該知的財産権は，その目的を達したのであるから，当該権利は消尽し，その後の取引にまで効力は及ばないと考えられる（これを「権利の消尽」と呼ぶ）（半導体法12条3項参照）．

4 知的財産権に係る競争制限行為

ここで，これまで知的財産権に係る行為が問題となった事例をいくつか掲げる．

(1) 私的独占
① パラマウントベッド事件（公取委平成10年3月31日勧告審決・審決集44巻362頁）

仕様書入札の入札事務担当者に対し，パラマウント社が実用新案権等の工業所有権を有している構造であることを伏せて仕様書に同構造の仕様書を盛り込

ませる等の行為を行ったことが私的独占の排除に問われた．

② 北海道新聞社事件（公取委平成12年2月28日同意審決・審決集46巻144頁）

新規参入者が使用する可能性のある新聞題字を商標登録出願するなどして，新規参入を阻止した行為が私的独占の排除行為とされた．

③ パチンコ機製造特許事件（公取委平成9年8月6日勧告審決・審決集44巻238頁）

わが国の主要なパチンコ機製造業者が，特許プールを形成し，共同して，新規参入者に特許ライセンスを拒絶することを取り決めていた行為が，私的独占に問われた．

(2) 不当な取引制限（共同行為）

日之出水道機器事件（公取委平成5年9月10日審判審決・審決集40巻29頁）

下水道用鉄蓋の実用新案のマルティプル・ライセンスにおいて（鉄蓋の仕様改訂に当たり，ある会社の意匠権を有する鉄蓋を採用することとし，その条件として，同業者にも意匠権をライセンスすることを求めたことを奇貨として），ライセンサーとライセンシー 6 社が共同して，当該鉄蓋の見積価格と販売数量比率等を取り決めた行為が，不当な取引制限に当たるとされた．

(3) 不公正な取引方法

① ヤクルト事件（公取委昭和40年9月13日勧告審決・審決集13巻72頁）

ヤクルト本社は，加工業者との間で，ヤクルトに関する特許及び商標のライセンス契約を締結していた．この契約で，ヤクルト本社は，加工業者に対して，ⅰ）ヤクルト本社と小売契約を締結した小売業者とのみ取引すること，ⅱ）小売契約で定めた小売価格及び小売地域を小売業者に守らせること等の規定を定めて，その内容を実施していた行為が，不当な拘束条件付取引に該当するとされた．

② ソニー・コンピュータエンタテインメント事件（公取委平成13年8月1日審判審決・審決集48巻3頁）

テレビゲームソフトの著作権者である被審人がテレビゲームソフトの中古品取扱いを禁止した行為が，著作権法上の頒布権の行使行為に当たり，独占禁止法の適用を除外されるかどうかが争われた．審決は，「仮に被審人の主張するとおり，テレビゲームソフトが頒布権が認められる映画の著作物に該当し，中

古品取扱い禁止行為が外形上頒布権の行使とみられる行為に当たるとしても，知的財産権保護制度の趣旨を逸脱し，あるいは同制度の目的に反するものである」として，独占禁止法の適用除外を認めなかった．

第3節　協同組合

1　概　　要

　小規模事業者または消費者の相互扶助を目的とする組合の行為に対しては，独占禁止法の適用除外とされる．中小企業を組合員とする中小企業協同組合，農民を組合員とする農業協同組合，消費者を組合員とする消費生活協同組合等が，組合員のために行う共同購入・共同販売事業などの行為が適用除外を受ける．

　協同組合等の行為について独占禁止法の適用除外を設けている趣旨は，次の通りである．

　中小企業や農家は，生産に必要な原材料・器具・肥料等を購入する場合，あるいは製品や農産物を販売する場合，取引の相手方が大規模事業者の場合には，取引の交渉力が弱いために，原材料を高値で買わされたり，製品を買いたたかれたりするおそれがある．このような状況を打破するために，中小企業や農家は，組合を設立して各員が必要とするものを共同購入したり，生産したものを共同で販売したりすることによって，取引の交渉力を強化することができる．また，規模が小さいために十分な競争力を持ち得ない事業者でも共同して生産・運送を行い，共同で施設を利用することで大規模事業者等との競争を互角に展開することも可能とさせるのである．

　協同組合は，以上のように，小規模事業者の取引上の地位の強化や競争力の向上をもたらすなど，競争維持の観点から積極的に評価することができる．しかし他方において，その組織や活動のあり方によっては，弊害をもたらす可能性もある．独占禁止法22条は，そのため一定の要件を満たす組合が，その設立趣旨・目的を達成するために行う行為についてのみ，独占禁止法の適用を除外することとしている．

2　組合の要件

　独占禁止法の適用除外を受ける組合であるためには，独占禁止法22条の1号

から4号に定める要件を備え，かつ，法律の規定に基づいて設立された組合であることを要する．
すなわち，
　① 小規模の事業者または消費者の相互扶助を目的とすること
　② 任意に設立され，かつ，組合員が任意に加入し，または脱退することができること
　③ 各組合員が平等の議決権を有すること
　④ 組合員に対する利益分配を行う場合には，その限度が法令または定款に定められていること

以上の要件である．そしてまた，ここでいう「法律の規定」とは，中小企業等協同組合法，農業協同組合法，水産業協同組合法，森林組合法，信用金庫法，労働金庫法および消費生活協同組合法などの法律をいう．いずれの法律の規定も，相互扶助を目的とし，協同組合原則を満たす組合の設立を認めるものである．したがって，組合がこれらの法律に基づいて，「生産，加工，販売，購買，保管，運送，検査その他組合員の事業に関する共同施設」（中小企業等協同組合法9条の2第1項1号）等の事業（共同経済事業）を行う場合には，独占禁止法は適用されない．

　前記要件①の「小規模の事業者」について，これに該当するか否かに関しては，法律によって具体的に定められている．例えば，中小企業等協同組合法（7条）では，資本金3億円（小売業・サービス業にあっては5000万円，卸売業にあっては1億円）以下または従業員数300人（小売業にあっては50人，卸売業またはサービス業にあっては100人）以下の者は，小規模の事業者として取り扱うことになっている（「みなし規定」）．ただし，従業員数が前記の人数以下の中小企業であっても，大企業の子会社であるなど実質的に小規模の事業者でないと認められる場合もある．それで，同法107条は，従業員数が100人を超える者が実質的に小規模の事業者でないと認められるときは，その者を組合から脱退させることができることを規定している．

　「アサノコンクリート事件」（公取委昭和50年1月21日勧告審決・審決集21巻329頁）では，アサノコンクリートは日本セメントの全額出資子会社で，従業員235名であるところ，同社は東京都西部および埼玉県南部の地域で生コンの共同販売事業を行っている協同組合に加入していた．審決は，「協同組合に大規模セメント業者の子会社で実質的に小規模な事業者でない者が加入しているこ

とは，そもそも独占禁止法が中小規模の事業者の相互扶助を目的とする協同組合の行為を適用除外している趣旨にもとる」として，同社に対し，各生コン協同組合からの脱退を命じた．

また，組合に大規模事業者が含まれていた「岐阜生コンクリート協同組合事件」（公取委昭和50年12月23日審判審決・審決集22巻105頁）では，独占禁止法において，「組合の行為を一定の条件のもとに同法の適用除外としている趣旨は，事業規模が小さいため単独では有効な競争単位たりえない事業者に対し，組合組織による事業協同化の途をひらくことによって，これらの事業者の競争力を強め，もって，公正かつ自由な競争を促進しようとするにある．同条（注：22条）第1号の要件は，右の趣旨を示す規定とみるべきであるから，同号にいう小規模の事業者の相互扶助とは，右に摘示した意味での小規模の事業者の間における相互扶助と限定して解すべきである．したがって小規模の事業者か否かについては個別具体的な判断を要するが，いやしくも小規模と認められない事業者が加入している限り，その組合は，同条同号の要件を具備しているとは認められない」とした．この事案は，中小企業等協同組合法7条2項の運用（独占禁止法22条1号の要件を備えた組合であるか否かの判断）について，厳格な立場をとることが明らかにされたものである．

なお，前記の「共同施設」に単なる価格協定が含まれるか否か問題とされるところである．組合に共同経済事業が認められるのは，中小企業者らが市場における有効な競争単位となるためにこれらを組織化することにその目的があるのであるから，単なる価格協定を行うことは，その趣旨に反すると解すべきであろう．この問題についての審決例はない．

　＊「ワタキューセイモア事件」（公取委平成13年9月19日勧告審決・審決集48巻241頁）では，適用除外については特に言及されていないが，協同組合が他の6名と共同して病院などに供給される寝具，病衣の賃貸にかかる単価を引き上げること等を決定したことにつき，これを独占禁止法3条後段違反とした．
　＊＊公正取引委員会の審決では，協同組合による個別の競争制限行為につき，理由を挙げずに事業者のカルテルとして3条後段を適用した例がいくつかある．協同組合本来の目的を逸脱したことが理由なのか，後述の「組合の行為」でないことが理由なのか定かでない．

3　組合の行為

前記①から④までの要件を備えていることが独占禁止法適用除外の必要条件である．しかし，以上の要件を満たす組合が行う行為のすべてが独占禁止法の適用を除外されるわけではない．適用除外の趣旨を逸脱する行為を行っている協同組合に対しては，同法の適用が必要となる．協同組合の行為は，独占禁止法の適用においては，事業者団体の行為に該当する場合と事業者の行為に該当する場合とがある．前者については主に8条が，後者については3条，19条が問題となる．

いずれにせよ，協同組合の準拠法に定められた「組合に固有な行為」，あるいは準拠法上の事業を行うのに合理的に必要な行為については独占禁止法は適用除外とされ，これを超える行為には同法が適用されると解される．

　＊適用除外される「組合の行為」は，各協同組合法が定める「組合に固有な行為」のみを指すと解するのが多数説である．

「組合に固有な行為」については，各協同組合法が，各協同組合が行うことができる事業を限定列挙している（例．前記中小企業等協同組合法9条の2第1項）．

4　適用除外の限界——22条但書

独占禁止法22条各号の要件を備え，かつ，法律の規定に基づいて設立された組合の行為であっても，同条の立法趣旨を逸脱して競争秩序を侵害するおそれもある．かかる場合を想定して，22条は但書で，①不公正な取引方法を用いる場合，②一定の取引分野における競争を実質的に制限することにより不当に対価を引き上げることとなる場合には，独占禁止法の適用は除外されない，と規定している．不公正な取引方法を用いることは，大規模事業者に対する自衛手段でもなければ対抗行為でもなく，競争力強化のための公正な方法でもない．価格の不当な引き上げは共同行為を認めた趣旨を逸脱し弊害があるとの考え方に基づくものである．いずれも，有効な競争単位として，あるいは取引単位として存続するために必要な措置であると性格付けることができないものである．また，かかる行為は市場の実質的部分に影響の及ぶ重大な行為であるといえ，独占禁止法の適用を除外することが適当でないと考えられる．

②でいう「不当に」の意味について，引き上げ幅だけの問題ではなく相互扶助や大規模事業者に対する自衛や対抗という22条の趣旨を逸脱して，消費者に

対する価格の引き上げを意図したり，他の事業者とカルテルを結ぶ場合などをいうものと解されている．協同組合に対し認められている特別の法的地位は，組合員相互の協力・団結に限られるのであり，組合に結集して形成された取引・交渉力を，さらに他の事業者との結合によって強化して反競争的な行為に向かうのは，協同組合の本来の趣旨に反することだからである．

この独占禁止法22条但書に関して，「八重山地区生コンクリート協同組合事件」（那覇地裁石垣支部平成9年5月30日判決・判時1644号149頁）は，中小企業等協同組合法上の組合（原告）が，組合員に対し生コンクリート全量の共同販売を，共同販売事業規約で義務付け，これに違反した組合員（被告）に対し，同規約に基づき制裁規定の発動（過怠金の支払い等）を求めた．本判決は，次の理由により，被告の独占禁止法違反の主張を斥け，原告の請求を認容した．すなわち，第1に，共同販売の実効性を確保する上で，本件制裁規定を設けることに止むを得ない事情があり，その内容自体ただちに不合理ということはできず，共同販売の強制といっても，あくまで自由脱退を前提とするものであるから，本件制裁規定が共同販売を事実上強制するものであるとしても，不公正な取引方法（一般指定12項の拘束条件付取引）とまでは認めることができない．第2に，原告は被告が脱退するまでは石垣島内において生コンクリートの出荷シェアは原告がほぼ独占していたことが認められ，「一定の取引分野における競争を実質的に制限する」結果となっていたことは否定できないが，「不当な対価の引上げ」の要件については，現実にそのような対価の引上げがなされたとも，その具体的な危険あるとも認めるに足りる証拠はなく，結局，独占禁止法22条但書所定の同法適用除外の例外事由を認めることはできない．

本判決によれば，「具体的な危険」があれば「不当に対価を引き上げることとなる場合」に該当したものとも考えられる．

　　＊本件では，「競争の実質的制限」を認めるものの，但書の要件に当たらないとした点につき，その理由づけが十分でないとの批判がある．

なお，協同組合の行為が「一定の取引分野における競争を実質的に制限することにより不当に対価を引き上げることとなる場合」，当該行為に私的独占などの規定が適用されるかについては，これを積極的に解する立場のものが多い．

5　協同組合に課される課徴金

協同組合が事業者として他の事業者とカルテルを行ったときは，事業者としての当該組合にも課徴金が課されることになる．この点につき，公正取引委員会は事業者の事業目的や利益配分方法等は斟酌すべきでないとして，組合が締結した請負契約の対価の額を「売上高」として課徴金の額を算定している．

第4節　再販適用除外制度

1　制度の趣旨

再販売価格維持行為（再販行為）は，不公正な取引方法として原則として違法とされる．しかし独占禁止法23条では，一定の商品に限って例外的に再販行為を許容している．一つは公正取引委員会が指定する商品であり，もう一つは著作物についてである．その立法理由としては，まず，「指定再販適用除外制度」（23条1項，2項，3項）については，品質が一様であることが容易に識別できる「商標品」がおとり廉売の対象とされることで，当該商品の生産者の信用が損なわれ（ブランドイメージの低下），中小の小売業者が廉売の打撃を受けることを防止しようというものである．この制度は昭和28年の法改正の際導入されたものである．それは昭和28年当時，卸・小売業者の経営基盤が脆弱であったため，再販行為によってこれらの流通業者に一定のマージンを確保させるねらいもあった．もっとも，小売業者の利益侵害に該当する例はほとんど考えられず，また現在，指定再販として認められている商品は存在しない．

つぎに著作物再販適用除外制度（23条4項）については，その立法理由は必ずしも明らかではない．昭和28年当時，書籍，雑誌，新聞，レコード盤について存在した定価販売の慣行を追認する趣旨によるものとされる．今日，音楽用テープ，音楽用CDについてもレコード盤と機能・効用が同一であることからレコード盤に準じて扱われている．

＊戦前から国定教科書が定価販売であった事実も影響しているであろう．また，書籍・雑誌について価格競争が行われると，中小の書店が淘汰されるおそれがあることも適用除外制度を認める大きな理由の一つであろう．

2 指定商品

独占禁止法23条2項によれば，① 当該商品が一般消費者により日常使用されるものであること，② 当該商品について自由な競争が行われていること，という要件を充足していなければ公正取引委員会は商品の指定を行うことができない．再販行為は，ブランド内競争を制限するものであるから，ここでいう「自由な競争」とは，メーカー間のブランド間競争のことである．

独占禁止法の適用が除外されるのは個別再販（単一の生産者が複数の販売業者と行う再販）である．他の事業者と共同したり，事業者団体を通じて行う共同再販は適用除外とはされない．これらの行為が一般消費者の利益を不当に害することとなる場合およびその商品を生産する事業者の意に反して販売業者がこれを行う場合も適用除外とされない（23条1項但書）．またこれらの行為を，小規模の事業者または消費者の相互扶助を目的とする協同組合等を相手方として行うこともできない（同条5項）．したがって，再販行為が認められる商品についても，販売の相手方から除外して再販価格よりも安く購入できるようになっている．かかる協同組合等に対して再販価格を守るようにさせれば独占禁止法違反となる（「資生堂事件」公取委平成7年11月30日同意審決・審決集42巻97頁）．

前述のように，今日，指定を受けている商品が存在しないのは，再販が行われながら当該商品に自由な競争が行われることはほとんど考えられないという経済的常識が一般化したためである．自由競争経済の中にあっては当然のながれであろう．諸外国の法制をみても，ほとんどの国でわが国の指定再販に当たる行為は認められていない．

3 著作物再販制度

著作物を発行する事業者またはそれを販売する事業者が，取引先販売業者と締結する再販契約について，独占禁止法の適用が除外されている（独占禁止法23条4項）．

著作物については，著作権法に定義規定が定められている（著作権法2条1項1号——これによれば，思想または感情を創作的に表現したものであって，文芸，学術，美術または音楽の範囲に属するもの，とされる）．しかし，同法にいう著作物のすべてが，独占禁止法23条4項にいう著作物として再販行為を認められるのではない．

＊独占禁止法上の著作物；市場に実際に流通する個々の商品をいう．現在著作物に該当するとされているのは，書籍，雑誌，新聞，レコード盤，音楽用テープ，音楽用CDである．

　前述のソニー・コンピュータエンタテインメント事件では，テレビゲームソフトが独占禁止法上の著作物に該当するかが問われた．被審人の主張は，独占禁止法上の著作物を著作権法上の著作物と同じように解すべきであるとのことであった．これに対し公正取引委員会は，独占禁止法上の著作物は著作権法上の著作物のうち市場において実際に流通する個々の商品である著作物の「複製物」に該当するものに限定し，両者を同じように解すべき根拠はないとした．また，ゲームソフトは，適用除外制度の立法趣旨からすれば，昭和28年の法改正当時には存在しておらず，その当時存在していた4品目のいずれかとも機能・効用を同じくするものではないとして，独占禁止法上の著作物には当たらないと判断した（公取委平成13年8月1日審判審決・審決集48巻3頁）．

4　制度の見直し

　規制緩和の動きに伴い，公正取引委員会は著作物についても適用除外制度を見直す方向で問題点を検討し，①再販がブランド内競争の制限だけでなく，ブランド間競争の制限を招来している可能性がある，②流通システムが固定化し，事業者が消費者ニーズに対応することを怠りがちになる，③長期間の再販制が部分再販や時限再販を抑制している，④大量の返品，廃棄や過大な景品付販売等，問題のある慣行がみられることを指摘した．

　その後，政府規制等と競争政策に関する研究会において検討が行われた結果，競争政策の観点からは著作物再販適用除外制度は基本的に廃止の方向で検討されるべきものであるが，間接的にではあれ，この制度によって著作権者等の保護や著作物の伝播に携わる者を保護する役割が担われてきている点について文化・公共的な観点から配慮する必要があり，直ちにこの制度を廃止することには問題があると考えられるとした．

第10章　独占禁止法の執行・実現

第1節　執行措置の種類

　独占禁止法は，同法が規制対象とする違反行為により，その措置・制裁に違いがある．すなわち，行政・民事・刑事の各方面からの措置と執行手続がある．具体的には，①排除措置命令，課徴金納付命令（これらは公正取引委員会による行政処分），②差止・損害賠償請求の民事責任，③刑事罰が定められている．

　まず，独占禁止法違反事件の処理手続に関して，審査手続の概要についてながめ，次いで排除措置命令，課徴金納付命令の概要およびこれらの命令に対する取消訴訟についてながめ，続いて緊急停止命令の概要，民事的救済および刑事罰制度をながめることにする．

第2節　審査手続

1　行政調査

　公正取引委員会が独占禁止法違反の事件を処理するためには，まずその情報を把握する必要がある．これを「事件の端緒」という（公正取引委員会の審査に関する規則7条2項）．「事件の端緒」には，①一般人からの公正取引委員会に対する申告（独禁法45条1項）と，②公正取引委員会自らの職権探知（同4項）がある．その他，③中小企業庁からの報告がある（中小企業庁設置法4条7項）．

　課徴金が減免されるリーニエンシー制度によっても，公正取引委員会は違反行為の存在を知ることができる．公正取引委員会は，端緒で得られた情報を総合的に分析し，補充調査を経て，審査手続を開始するか否かを判断する．

　独占禁止法45条は，「何人も，この法律の規定に違反する事実があると思料するときは，公正取引委員会に対し，その事実を報告し，適当な措置をとるべ

きことを求めることができる」（1項）とし，「前項に規定する報告があったときは，公正取引委員会は，事件について必要な調査をしなければならない」（2項）としているので，報告者は具体的な措置請求権を有するものであるかどうかについて，最高裁は，報告者が当然には審査手続に関与しうる地位を認められていないことなどから，これらの規定は公正取引委員会の審査手続開始の職権発動を促すに止まり，報告者に命令等を要求する具体的な措置請求権を付与したものではないと判示している（「エビス食品事件」最高裁昭和47年11月16日判決・審決集19巻215頁）。

公正取引委員会として審査の必要を認めたときは，審査官を指定して，事件の審査を行わせることになる（独禁法47条2項）。

＊この段階で，審査局長は端緒事実の性質をみて犯則事件として公正取引委員会に報告し，犯則調査手続を開始することもできる（犯則調査規則4条）。

審査官は，事件の審査のために必要な調査を行うことができるが，これには任意調査と強制調査がある。

任意調査は，調査対象者の任意の協力を得て行う調査である。事件について必要な調査を行った場合は，任意の調査であっても，調書の作成が必要とされる（独禁法48条）。

強制調査は，罰則の担保のもとに物件の提出，立ち入り検査等について協力を求めるものであり，間接強制といわれる。強制調査の手段としては，事件関係者の審尋，意見・報告の徴収，鑑定，物件の提出・留置，立ち入り検査がある（独禁法47条1項）。

物件の提出については，提出命令書の送達という形で実施される（審査規則9条）。また，立ち入り検査については，審査官証を携帯・提示し（独禁法47条3項），被疑事実を記載した文書を交付した上で実施される（審査規則20条）。これらの処分を拒絶したものに対しては，罰則が適用される（独禁法94条──1年以下の懲役または300万円以下の罰金）。

審査官の処分に不服のある者は，公正取引委員会に対して異議の申し立てをすることができる（審査規則22条）。

審査が終了したときは，審査局長から公正取引委員会へその結果が報告される。この報告を受けて，公正取引委員会は，排除措置命令，課徴金納付命令，告発，警告，注意，打ち切り等，事件の処理に必要な事項を決定することとなる。

以上，審査手続は公正取引委員会のとる行政処分である排除措置命令・課徴金納付命令のための事前の行政手続である（したがって，刑事処分を求める事件は犯則調査手続によることとなる）。

2　意見聴取手続

　公正取引委員会は，審査の結果，独占禁止法違反があると判断し，違反行為を排除するために必要な措置，または違反行為が排除されたことを確保するために必要な措置（排除措置）を命じようとするときに，その命令の名宛人となるべき者に対して，意見聴取を行わなければならない（独禁法49条）。

　意見聴取を行うにあたり，公正取引委員会は，意見聴取日までに相当な期間をおいて，命令の名宛人となるべき者に対して，① 予定される排除措置命令の内容，② 認定した事実と法令の適用，③ 意見聴取の期日及び場所などを書面で通知しなければならない（独禁法50条1項）。この通知書面で，① 意見聴取の期日に出頭して意見を述べ，および証拠を提出し，または意見聴取の期日への出頭に代えて陳述書および証拠を提出することができること，② 意見聴取が終結するまでの間証拠の閲覧または謄写を求めることができることを教示しなければならない（独禁法50条2項）。

　通知を受けた者（当事者）は代理人を選任して，意見聴取に関する一切の行為を委ねることができる（独禁法51条）。

　当事者は，通知を受けた時から意見聴取が終結するまでの間，公正取引委員会に対して，当該事件で公正取引委員会が認定した事実を立証する証拠の閲覧または謄写を求めることができる。公正取引委員会は，第三者の利益を害するおそれがあるときその他正当な理由があるときでなければ，その閲覧または謄写を拒むことができない（独禁法52条1項）。

　公正取引委員会は，事件ごとに意見聴取を主宰する職員（指定職員）を指定する。その場合，公正取引委員会は，当該事件の審査官等当該事件の調査に関する事務に従事したことのある職員を指定職員に指名することができない（独禁法53条）。

第3節　排除措置命令

　独占禁止法は，制定以来，排除措置を命じるに当たっては，事前に審判を行

い，審判審決によって排除措置を命じることを基本としてきた．しかし，経済のスピード化，グローバル化の中にあっては，事件処理の効率化を図り，市場の競争の速やかな回復を図る観点からは，事件審査を行った結果，違反行為が認められる場合には，その時点で当該行為を差し止める等の排除措置を命じることができるようにすることが必要である．そこで，平成17年改正法では，勧告制度を廃止し，審判手続を経ずに，排除措置命令を行うことができるようになった．さらに平成25年改正法では，審判制度が廃止された．

そもそも排除措置命令とは，公正取引委員会が独占禁止法違反行為を行っている事業者・事業者団体に対して出す行政命令である．具体的には，違反行為を行っている場合，その行為の差止めを命令すると同時に，当該行為を今後行わないように命令する不作為命令を出すことができる．あるいは，公正取引委員会が排除措置命令を出そうとする際に，既に事業者等の側で違反行為を止めていた場合には，過去に違反行為を行っていた旨を違反行為の被害者等に周知するよう命じたり，今後同様の行為を行わないように命じたりする不作為命令を出すこともできる．

排除措置命令手続について，公正取引委員会は命令を出す前に，非公表で事業者・事業者団体に対して，排除措置命令の内容を（併せて課徴金納付命令の内容も）通知することとされた．この事前通知制度の導入により，通知された事業者等には意見申述の機会が与えられ，証拠提出の機会が付与された（同49条，50条）．

排除措置命令に関する平成17年の改正点は前述のこと以外に，従来1年以上前に違反行為を止めている場合には，排除措置命令を行うことはできなかったが，3年前までに違反行為を止めている場合でも排除措置命令を行うことができるようになった．3年前までの違反行為に対する排除措置命令を行う理由は，一つには，違反行為が排除されたことを確保するためであり，もう一つには，その者が違反行為を行っていたことを公に宣言するねらいがあるからである．平成21年改正法では，3年から5年に延長された（同7条2項，8条の2第2項，20条2項）．いずれも，違反行為の根絶を意図している．

実際に，公正取引委員会の実務として，排除措置命令の多くは過去の違反行為に対するものが占めている．それは，多くの行為者は，公正取引委員会の立ち入り検査を受け，同委員会による調査の事実を知った段階で，当該行為を止めてしまうのがほとんどだったからである．したがって，排除措置命令が行わ

れる時点まで当該行為を行っている者は，その多くが，当該行為が違反でないと確信していたか，あるいは独占禁止法の執行をまったく意に介していなかったかの，いずれかであるといってよい．

過去の行為に対する排除措置命令を行うためには，「特に必要があると認められるとき」という要件を満たさなければならない．この点につき東京高裁によれば，「当該違反行為と同一ないし社会通念上同一性あると考え得る行為が行われるおそれがある場合に限定される」と解している（東京高裁平成16年4月23日判決・判タ1169号306頁）．

その他，平成14年の改正で，排除措置命令書等の文書を送達できる範囲が，外国に所在する事業者・事業者団体や所在地不明の事業者等に拡大された点も重要である．すなわち，書類の送達について，民事訴訟法の送達に係る規定（民事訴訟法108条）を準用し（独禁法70条の7），また，民事訴訟法108条に基づく送達ができなかった場合には，公示送達による送達も認めた（同70条の8）．

第4節　課徴金納付命令

課徴金とは，一定の独占禁止法違反行為（不当な取引制限，私的独占および不公正な取引方法）を行った事業者から，国家が一定の金員を徴収する制度である（独禁法7条の2）．同制度は昭和52年の改正の際に導入されたもので，当時，カルテル事件が多発していたが，審決で命じられる排除措置は将来に向かってカルテルを破棄させることができるだけであった．それで，カルテルの実行によって得られた利益はカルテル参加者の手元に残される結果となり，カルテルの「やり得」を許すこととなっていた．この批判に応えるために，課徴金制度が創設されたのである．「やり得」を許さない措置としては，違反行為に関係する売上額に所定の算定率を乗じた額を課徴金とする．また平成17年改正により，所定の要件を満たせば加算されたり減免されたりすることとなった．

課徴金の法的性格については，独占禁止法の実効性を担保するための行政的措置であるとされ，違反行為の抑止を目的とした制度である．この課徴金制度について刑罰との関係を，東京高裁は次のように述べている．すなわち，「独禁法による課徴金は，一定のカルテルによる経済的利得を国が徴収し，違反行為者がそれを保持し得ないようにすることによって，社会的公正を確保するとともに，違反行為の抑止を図り，カルテル禁止規定の実効性を確保するために

執られる行政上の措置であって，カルテルの反社会性ないし反道徳性に着目しこれに対する制裁として科される刑事罰とは，その趣旨，目的，手続等を異にするものであり，課徴金と刑事罰を併科することが，二重処罰を禁止する憲法39条に違反するものではないことは明らかである」（東京高裁平成5年5月21日判決・判時1474号31頁）．

　課徴金の対象となる違反行為は，① 不当な取引制限，② 私的独占，③ 国際的協定・契約，④ 事業者団体の行為，⑤ 不公正な取引方法の一部である（共同の取引拒絶，差別対価，不当廉売，再販売価格拘束，優越的地位の濫用）である（独禁法7条の2第1項，第2項，第4項，8条の3，20条の2，20条の3，20条の4，20条の5，20条の6）．

　まず，①については，商品または役務の対価に係るもの（価格カルテル・入札談合），商品または役務について，供給量もしくは購入量，市場占有率，または取引の相手方を実質的に制限することにより対価に影響することとなるもの（数量カルテル，購入カルテル，シェア制限カルテル，取引先制限カルテル）が該当する．

　②については，支配型私的独占，排除型私的独占の双方が対象となる．支配型私的独占については，他の事業者が供給する商品または役務の対価に係るもの，上記の商品等の供給量，市場占有率または取引の相手方を実質的に制限することにより対価に影響することとなるものが該当する．排除型私的独占についてはこのような限定はない．

　③については，国際的な協定または契約で，前記の不当な取引制限に該当するカルテルが該当する．

　④については，事業者団体が一定の取引分野における競争を実質的に制限する行為を行ったとき（独禁法8条1号），または，不当な取引制限に該当する事項を内容とする国際的協定または契約をしたとき（同8条2号）は，課徴金の徴収に関する不当な取引制限の規定が準用される（同8条の3）．

　この場合，カルテル行為の主体は事業者団体であるが，課徴金徴収の対象は事業者団体の構成事業者である．

　⑤については，法定行為類型として，私的独占の予防規制である共同の取引拒絶のうち，供給に係るもののみを対象とした．不当廉売は，「正当な理由がないのに，商品又は役務をその供給に要する費用を著しく下回る対価で継続して供給し，他の事業者の事業活動を困難にするおそれがある場合」を法定行為

類型とした．再販売価格の拘束は，従来の一般指定で規定されていた再販売価格の拘束がそのまま法定行為類型とされた．

優越的地位の濫用については私的独占の予防規制とは位置づけられず，従来の一般指定のうち，1号ないし4号について法定化されたが，3号および4号は要件を明確化して2条9項5号ハにまとめられた．

課徴金の額については，当該カルテル等の実行期間中の対象商品または役務の売上額に100分の10（小売業については100分の3，卸売業については100分の2）を乗じた金額とするのが原則である．中小企業の場合は若干の減額がある（100分の10とあるのは100分の4と，100分の3とあるのは100分の1.2と，100分の2とあるは100分の1と読み替える）．ただし，その額が100万円未満である場合には納付を命ずることができない（同7条の2第1項，5項．排除型私的独占につき，4項．）．

課徴金の納付を命ずる場合において，当該事業者が調査開始日の1月前の日までに違反行為を止めたとき（実行期間が2年未満である場合に限る），課徴金の20%を減額する（同第6項）．

逆に，過去10年以内に課徴金納付命令を受けたことがある者に対しては，50%を増額する（同7項）．

そして，同一の事業者に対して課徴金と罰金刑が併科される場合には，課徴金の額から罰金額の2分の1に相当する金額が控除される（同19項，同63条）．

ここで対象とされるカルテル等の実行期間（違反行為期間）とは，当該行為の実行としての事業活動を行った日（これを始期という）から当該行為の実行としての事業活動がなくなるまでの期間（これを終期という）をいう（同7条の2第1項，4項）．

実行期間の始期は，カルテル等によって企図され拘束の対象となった事業活動たる行為を個々の事業者が現実に実施したときである．

通説によれば，企図された事業活動が一部でも行われれば，そのときを以てカルテル等で予定された行為全体についての実行期間の始期になるものとされ，課徴金は全取引について徴収される．

実行期間の終期は，カルテル等に参加した個々の事業者が協定によって企図された事業活動たる行為を行わなくなったとき，すなわち当該行為が客観的に消滅したと認められる日である．

実務上は，協定が破棄されたときとされる．

売上額の算定方法については，原則として，実行期間中に引き渡した商品または提供した役務の対価の額の合計による．例外としては，まず，引渡基準によって算定された金額からの控除が認められる場合で，① 対価を減額した場合，② 返品のあった場合，そして ③ 割戻しがされた場合が挙げられる．次に，例えば長期請負工事のように，実行期間中の出荷額と契約額の間に著しい差異がある場合で，この場合は，引渡基準ではなく契約基準によって算定する．最後に，100％子会社に対する売上げの場合で，これは課徴金の対象とはしないとした審決がある（公取委昭和59年2月2日審判審決・審決集30巻56頁）．

課徴金納付命令に関連して，平成17年改正の際導入された制度として，調査協力者に対する減免制度（リーニエンシー）がある．これは，公正取引委員会の調査に協力して情報を提供した違反者に，課徴金の免除または減免を行うものである（同7条の2第10項）．

減免の内容については，立入検査前の1番目の報告事業者は課徴金を全額免除（同），2番目の事業者は課徴金を50％減額，3番目〜5番目の事業者は課徴金を30％減額（同条11項）とされる．また，立入検査後の報告事業者についても，課徴金を30％減額（同条12項）されるが，いずれの場合も対象事業者は合計で5社に限られる．

＊なお，公正取引委員会の方針として，第1報告者については，社名などを公表しないこととした．第1報告者は「裏切り」とみなされて報復を受けることが予想されるため，社名などの守秘を徹底することにしたわけである．2番目と3番目の事業者には課徴金納付命令を出し，社名と課徴金の額を公表する．ただし，減額対象の事業者であるかどうかは公表しない．

以上に対し課徴金の減免を行わない場合として，① 当該事業者の報告，提出した資料に虚偽の内容が含まれていた場合，② 当該事業者が求められた報告もしくは資料の提出をせず，または虚偽の報告もしくは資料の提出をした場合，そして ③ 当該事業者の違反行為に係る事件で，当該事業者が他の事業者に対し違反行為をすることを強要し，または他の事業者が違反行為を止めることを妨害していた場合が挙げられる（同条12項）．

また，この課徴金の減免制度は私的独占に対する課徴金には適用されない（同条10項ないし12項各柱書）．

第5節　排除措置命令に対する取消訴訟

　排除措置命令に対する取消訴訟については，行政事件訴訟法3条1項に規定する抗告訴訟による．行政事件訴訟法に規定されていない手続については，民事訴訟の例による．

　取消訴訟は，排除措置命令の取消しを求めるにつき法律上の利益を有する者に限り，提訴することができる（行政事件訴訟法9条）．この訴訟においては，公正取引委員会を被告とする（独禁法77条）．

　またこの訴訟においては，法務大臣が行政庁を当事者とする訴訟について有する指揮権は認められず（独禁法88条），東京地方裁判所が専属管轄を有する（独禁法85条1号）．

　東京地方裁判所は，かかる訴訟について，3人の裁判官の合議体で審理および裁判を行う．ただし，東京地方裁判所は，当該合議体の決定で，5人の裁判官の合議体で審理および裁判を行うことができる（独禁法86条1項，2項）．

　東京地方裁判所の終局判決に対する控訴が提起された場合，東京高等裁判所は，当該控訴事件について，5人の裁判官の合議体で審理および裁判を行う旨の決定をすることができる（独禁法87条）．

　このほか，名宛人は，独占禁止法70条2項に規定する支払決定を除く，独占禁止法第8章第2節（45条以下）による決定について，東京地方裁判所に取消訴訟を提起することができる．

　この決定に該当するのは，①「名宛人の利益を害することとならない限りにおいて」なされる排除措置命令の取消しまたは変更の決定（独禁法70条の3第3項），②納付命令の取消しまたは変更の決定（独禁法63条1項，2項），③独占禁止法11条1項または2項の認可申請の却下決定（独禁法70条の2第1項）および独占禁止法11条1項または2項の認可の取消しまたは変更の決定（独禁法70条の3第1項）である．

　東京地方裁判所は，これらの事件についても，3人の裁判官の合議体で審理および裁判を行う．ただし，東京地方裁判所は，当該合議体の決定で，5人の裁判官の合議体で審理および裁判を行うことができる（独禁法86条1項，2項）．

　東京地方裁判所の決定に対する抗告が提起された場合，東京高等裁判所は，当該抗告事件について，5人の裁判官の合議体で審理および裁判を行う旨の決

定をすることができる（独禁法87条）．

第6節　課徴金納付命令に対する取消訴訟

　課徴金納付命令に係る取消訴訟は，排除措置命令に係る取消訴訟と同一の手続で行われる（独禁法77条，76条2項）．
　公正取引委員会は，課徴金納付命令に係る判決の結果，独禁法63条5項に規定する場合を除き，納付命令に基づきすでに納付された金額で還付すべきものがあるときは，遅滞なく，金銭で還付しなければならない（独禁法70条1項）．
　還付する場合には，当該金額の納付があった日の翌日から起算して1月を経過する日の翌日からその還付のための支払決定をした日までの期間の日数に応じ，その金額に年7.25％を超えない範囲内において政令で定める割合を乗じて計算した金額をその還付すべき金額に加算しなければならない（独禁法70条2項）．

第7節　緊急停止命令

　独占禁止法違反被疑行為があり，当該行為を緊急に停止させる必要があるときは，公正取引委員会は裁判所に当該行為の停止等の命令をするよう求めることができる（独禁法70条の4）．この制度は，公正取引委員会が審査を開始し，違反被疑行為に対して排除措置命令を行うのに相当の時間を必要とすることから，違反被疑行為の存在とそれを停止させる必要性が明らかにされれば，公正な競争秩序維持の観点から違反被疑行為を停止させようとするものである．
　独占禁止法70条の4第1項に列挙されている緊急停止命令の内容（当該行為，議決権の行使または会社の役員の業務の執行を一時停止すべきことを命じ，またはその命令を取消し，もしくは変更すること）は例示であり，裁判所（東京地裁）は事案に応じて適切な内容を定めることができる．
　緊急停止命令は，排除措置を命じるまでの期間，現状を固定しておくことを目的とする．
　緊急停止命令の要件は，違反被疑行為の存在と緊急必要性である．公正取引委員会による立証は，疎明で足りる．緊急必要性については，「中部読売新聞事件」（東京高裁昭和50年4月30日決定・審決集22巻301頁）でみると，「被申立人が

中部読売新聞を発行した後東海3県において競争関係にある中日，朝日，毎日その他の新聞の同地方の顧客が継続購読を中止して中部読売新聞に切替える者が続出していることは前記のとおりで，この事態を申立人が審決をもって排除措置を命ずるまで放置するときは，（中略）同地域における新聞販売事業の公正な競争秩序は侵害され，回復し難い状況におちいるものというほかないことは明らかであるから，被申立人の前記行為は，直ちにこれを停止すべき緊急の必要性が存在する」と判示されている．

　緊急停止命令の発令は，当該行為が独占禁止法に違反する蓋然性の強弱，当該行為が競争秩序を侵害する程度を勘案して決定される．

　緊急停止命令の管轄は，東京地方裁判所である（独禁法85条2号）．

　緊急停止命令に係る裁判については，裁判所の定める保証金または有価証券を供託して，その執行を免れることができる（独禁法70条の5第1項）．裁判所は，その裁判が確定したときは，公正取引委員会の申立てにより，供託に係る保証金または有価証券の全部または一部を没取することができる（同2項）．

　緊急停止命令に違反した者は30万円以下の過料に処せられる（独禁法98条）．

　緊急停止命令に係る裁判については，その執行免除（独禁法70条の5第1項），供託金の没取（同2項），命令違反に対する過料の賦課（同98条）も東京地方裁判所の専属管轄である（独禁法86条）．なお，緊急停止命令に係る裁判は，非訟事件手続法により行う（独禁法70条の4第2項，70条の5第3項）．

　最近の事例では，平成16年6月30日，私的独占事件に係る有線音楽放送番組の販売に関し（低料金による他社の排除事例），有線ブロードワークス社および日本ネットワークビジョン社に対し，緊急停止命令の申立がなされたが，同年7月9日，当事者が被疑行為を取り止めたので，同年9月14日，公正取引委員会は同命令の申立を取り下げた．

第8節　民事的救済

1　差止請求

　平成12年の独占禁止法改正により差止請求の制度が導入された（独禁法24条）．従来，独占禁止法の執行は公正かつ自由な競争の確保に主眼が置かれており，被害者救済の点については損害賠償，刑事罰など事後的な賠償・措置だけで，十分な対応とはいえなかった．それで，被害者の救済の充実を図るため，私人

が自己のイニシアティブにより裁判所に対して違反行為の差止を直接求めることができるようにされたのである．

独占禁止法24条によれば，不公正な取引方法に係る独占禁止法違反行為によりその利益を侵害され，または侵害されるおそれがある者は，これにより著しい損害を生じ，または生じるおそれがあるときは，違反事業者または違反事業者団体に対して，当該侵害行為の停止または予防を請求することができる．

差止の対象となる独占禁止法違反行為は，8条5号違反行為（事業者団体が事業者に不公正な取引方法をさせるようにすること）または19条違反行為（事業者による不公正な取引方法）である．私的独占の排除・支配の手段行為は，不公正な取引方法に該当するものがほとんどであるから，実質的には私的独占も差止請求の対象となり得ると解される．

差止を請求することができる者は，不公正な取引方法に係る独占禁止法違反行為によって利益を侵害され，または侵害されるおそれがある者で，しかも違反行為により著しい損害を生じ，または生じるおそれがあるときに限られる．しかしこの要件を満たせば，競争者や取引相手方等の事業者だけでなく，一般消費者も差止請求訴訟を提起することができる．

差止制度が過去の責任追及ではなく，現在または将来の行為を対象にする関係上，違反行為者の側の故意・過失は問題にならない．ただ，行為の目的等，主観的違法要素が評価の対象となることはあり得る．

差止が認められるためには，「著しい」損害の発生またはそのおそれが必要とされるが，この「著しい」という要件については種々議論がある．この点についてまず，①「著しい損害」とは損害の質と量において著しいことを意味するとの見解，あるいは②損害の程度において差止を認めるに足りる「有意な損害」を意味するとの見解，最後に③不公正な取引方法の禁止によって保護される利益の侵害を意味するとの見解がある．基本的に，①の見解が妥当であろうが，その損害が回復しがたいもので，損害賠償では解決しがたい事案であるという要素も「著しい」という要件の考慮事項となるであろう．

差止の内容は，侵害の停止または予防である．差止であるから，通常，不作為措置が命じられることになろうが，停止または予防に必要な措置であれば，作為措置も命じることができると解される．

この差止請求訴訟については，専門的な知識・経験に基づく判断が必要とされることから，また判断の統一が必要であることから，裁判管轄の特例が定め

られている．すなわち，通常の民事訴訟の管轄と同じく被告の住所・事務所・営業所の所在地または当該違反行為のあった地を管轄する地方裁判所（民事訴訟法4条，5条）のほか，東京地方裁判所または8つの高等裁判所の管轄地域内に所在する地方裁判所にも差止請求の訴えを提起できる（独禁法84条の2第1項）．この場合，同一・同種の複数の差止請求訴訟が上記の異なる競合管轄権を有する地方裁判所に提起されたときは，裁判所は申立または職権により管轄権を有する他の裁判所に訴訟を移送することができる（同87条の2）．また，原告が同一の不公正な取引方法に係る損害賠償請求と差止請求とを併合請求する場合，差止請求訴訟について管轄権を有する裁判所と同一の地方裁判所に訴えを提起することが認められている（独禁法84条の2第2項，民事訴訟法7条）．

なお，差止請求の濫訴を防止するため，被告において当該訴えの提起がもっぱら不正の目的によるものであることを疎明したときは，裁判所は決定により原告に対して相当の担保の提供を命じることができる（独禁法78条）．ここに不正の目的とは，不正な利益を得る目的，他人に損害を加える等の目的をいう．

2 損害賠償請求

独占禁止法違反行為，すなわち，私的独占，不当な取引制限，不公正な取引方法，国際的競争制限，事業者団体の禁止行為により損害が発生した場合，その損害の被害者には損害賠償の請求が認められる．独占禁止法違反行為は，競争秩序に対して悪影響を与え，かかる悪影響を与える行為は，関係する事業者や消費者の利益を侵害する場合があるからである．かかる場合，違反者は被害者に対して無過失の損害賠償責任を負う（独禁法25条）．

また，独占禁止法違反が民法上の不法行為の要件を満たす限りで，一般不法行為に基づく損害賠償請求も可能である．独占禁止法違反行為と不法行為との関係（権利侵害・違法性要件）について東京地方裁判所は次のように述べている．すなわち，「独禁法は，原則的には，競争条件の維持をその立法目的とするものであり，違反行為による被害者の直接的な救済を目的とするものではないから，右に違反した行為が直ちに私法上の不法行為に該当するとはいえない．しかし，事業者は，自由な競争市場において製品を販売することができる利益を有しているのであるから，右独禁法違反行為が，特定の事業者の右利益を侵害するものである場合は，特段の事情のない限り，右行為は私法上も違法であるというべきであり，右独禁法違反行為により損害を受けた事業者は，違反行為

を行った事業者又は事業者団体に対し，民法上の不法行為に基づく損害賠償請求をすることができる」（東京地裁平成9年4月9日判決・判時1629号70頁）．

通説も，独占禁止法違反行為が同時に民法の不法行為を構成すると，民法709条の一般不法行為によって損害賠償請求ができるし，独占禁止法25条によっても損害賠償請求ができるとする．すなわち，25条による損害賠償請求権と一般不法行為による損害賠償請求権は競合することとなる．

25条は，独占禁止法違反について一般不法行為責任の特則を定めたものと位置づけられる．この特則とは，前述の無過失損害賠償請求権の付与のほかに，公正取引委員会への求意見制度（同84条）がある．これは，25条に基づく訴訟が提起された場合，東京高裁は，遅滞なく，公正取引委員会に対して「違反行為に因って生じた損害の額について」意見を求めなければならない，とする制度である．この「意見」の具体的内容については，「損害の額」だけでなく損害の有無，違反行為と損害との因果関係にも及ぶとされる．もっとも，公正取引委員会の意見は裁判所を拘束するものではない．

また特則として，25条の損害賠償請求訴訟の第1審は東京地方裁判所の専属管轄とされている点が挙げられる（同85条の2）．また，その控訴審である東京高等裁判所では5名の裁判官の合議体によって審理・裁判をすることができる（同87条）．

さらに25条に係る特則としては，前述の無過失損害賠償請求権を裁判上行使するためには命令確定後に限られるという確定命令前置主義の採用（同26条1項）と，25条に基づく損害賠償請求権は，命令の確定日から3年を経過したときに時効により消滅する（同26条2項）点が挙げられる．

違反行為の存在，損害の発生，損害と違反行為の因果関係および損害の額については，原告が主張・立証責任を負う．違反行為につき，公正取引委員会の命令における違反事実の認定は，裁判所に対してどのような効果をもつことになるか．通説・判例によれば，独占禁止法違反を認定した命令が存在しても（25条訴訟であるか民法709条訴訟であるかを問わず）裁判所を拘束するものではなく，違反行為の存在について「事実上の推定」としての効果を認めるのみであるとされる（最高裁平成元年12月8日判決・民集43巻11号1259頁．本件は民法709条による訴訟である）．

独占禁止法違反は経済的行為であり，違反の要因も複雑で流動的であることから，違法行為と損害との因果関係・損害額の立証は必ずしも容易ではない．

民事訴訟法248条によれば，「損害が生じたことが認められる場合において，損害の性質上その額を立証することが極めて困難であるときは，裁判所は，口頭弁論の全趣旨及び証拠調べの結果に基づき，相当な損害額を認定することができる」とされる．この規定は損害の額について自由心証主義の枠内において証明負担の軽減を図ったものと解され，独占禁止法違反に係る損害賠償請求訴訟においても，この規定により原告の立証の負担が軽減されることが考えられる．

3 独占禁止法違反の私法上の効力

(1) 総説

上述の民事的救済＝私人による独占禁止法の実現手段には，このほかに，同法45条に定める私人による措置請求や，自治体発注の工事に入札談合等の独占禁止法違反があると認められた場合の住民監査請求（地方自治法242条）や，会社の取締役が独占禁止法違反行為を行って会社に損害を与えた場合において，取締役の会社に対する責任を株主代表訴訟として追及する（会社法847条）場合も，これに含まれる．

＊現行の地方自治法242条の2第1項4号は，住民が自治体に代位して独占禁止法違反事業者に損害賠償等を直接請求することはできず，自治体の首長等に違反行為者に対する損害賠償等の請求を行うことを求めることができるのに止まる．
＊＊株主代表訴訟による独占禁止法実現の例として，野村證券株主代表訴訟事件（最高裁平成12年7月7日判決・民集54巻6号1767頁，百選66）

そのほか，民事訴訟での独占禁止法違反に係る請求・主張に関連する問題として，契約や契約解除等の法律行為が独占禁止法違反の一環として，あるいは同法違反と密接に関連していた場合に，その効力はどのようになるかについて議論がある．いわゆる独占禁止法違反行為の私法上の効力の問題である．

この問題につき，届出義務に違反した合併・会社分割に対する無効の訴えの規定（独占禁止法18条）および独占禁止法制定当時既存の契約を無効とすることを定めた経過規定（同法附則2条）のほか規定はまったくない．したがって，この問題は解釈に委ねられている．

(2) 学説の展開

学説としては，独占禁止法制定当初は，①無効としなければ独占禁止法の

目的を実現できないとする「無効説」が有力であった．その後，② 独占禁止法の目的は違反行為に対する公正取引委員会の排除措置命令によって十分実現されるとし，取引の安全の確保（第三者の利益）を重視する「有効説」が主張されるようになった．さらに近年では，③ 両者の中間に位置づけられる「相対的無効説」が登場している．この「相対的無効説」とされる立場にも幅があるが，その中で有力視される見解として，契約が履行されているかどうかにより有効・無効を分ける「抗弁的無効説」がある．これによれば，独占禁止法違反の契約は，契約の履行前には無効であるが，契約の履行後は有効とされる．したがって，原状回復は否定される．

> ＊「相対的無効説」が唱えられるようになったのは，「白木屋事件」判決（東京高裁昭和28年12月1日判決・下民集4巻12号1791頁）であったとされる．同判決では，独占禁止法の規定に違反する株式取得契約は無効であるが，その契約が任意に履行されてしまった後は，その株式は有効に取得者に帰属するとされたのであった．

その後，1990年代に入って，「相対的無効説」に対する批判（有効とされる場合でも無効とされるべき場合があるとの批判）を通して「個別的解決説」が主張されるようになっている．この説は，禁止規定の趣旨，当該法律行為と禁止規定の距離，当事者の信義・公平，取引の安全等を総合的に考慮して，個別の事案ごとに有効・無効を決すべきであると主張するものである．具体的には，行為類型に照らして個別に判断する方法や，独占禁止法違反の直接的な手段とそうでないものの区別，質的なものと量的なものとの区別などに着目して有効・無効を検討することになる．

(3)　判例の状況

独占禁止法違反行為の私法上の効力についての最高裁判決として，「岐阜商工信用組合事件」（最高裁昭和52年6月20日判決・民集31巻4号449頁，百選125）がある．本件は，いわゆる両建預金（拘束預金の一種で，金融機関が貸付に際し，その一部を定期預金などとして預金させること）が独占禁止法19条に違反する（現行2条9項5号イに相当）とした上で，「19条に違反した契約の私法上の効力については，その契約が公序良俗に反するとされるような場合は格別として……同条が強行法規であるからとの理由で直ちに無効であると解すべきではない．……同法20条は，専門的機関である公正取引委員会をして，……違法状態の具

体的かつ妥当な収拾，排除を図るに適した内容の勧告，差止命令を出すなど弾力的な措置をとらしめることによって，同法の目的を達成することを予定しているのであるから，同法条の趣旨に鑑みると，同法19条に違反する不公正な取引方法による行為の私法上の効力についてこれを直ちに無効とすることは同法の目的に合致するとはいい難い」とした．

　本最高裁判決以降，独占禁止法違反であっても公序良俗に反するのでなければ無効とはならないとの判断基準に従いつつも，近年の動きとして，独占禁止法違反を認めた場合は公序良俗に反するとして無効の結論を導く下級審判例が多い．

　例えば，「花王化粧品販売事件」判決（東京高裁平成9年7月31日判決・高民集50巻2号260頁）では，「独禁法に違反する私法上の行為の効力は，強行法規違反の故に直ちに無効となるとはいえないが，違反行為の目的，その態様，違法性の強弱，その明確性の程度等に照らし，当該行為を有効として独禁法の規定する措置に委ねたのでは，その目的が充分に達せられない場合には，公序良俗に違反するものとして民法90条により無効となるものと解される」と述べている．本判決は，独占禁止法違反の法律行為が無効となる場合をより具体的に示している．

　他方，「資生堂東京販売事件」判決（東京地裁平成12年6月30日判決・金判1118号43頁，百選（第6版）127）では，契約上の卸売販売の禁止が独占禁止法19条（現行一般指定12項該当）違反であるとしつつ，当事者間の信頼関係の破綻，信用不安とみるべき事情の存在などから，特約店契約の解除が「信義則に反し，権利の濫用に当たり，又は公序良俗に反するとすべき事情があるとすることはできない」と述べている．

　判例に若干の相違はあるものの，裁判例の傾向をみると，実務的には独占禁止法違反が少なくとも認められる場合には，公序良俗違反を経由する形で当該行為が無効となる取扱いがなされているといえる．

　そのほか，談合によって行われた入札に基づいて成立した個別契約の効力について，談合が独占禁止法違反であることを前提に，目的が不正であること，当該個別契約が談合と密接な関連性を有するものであることなどから，個別契約それ自体も公序良俗に反するとして無効とした下級審例がある（「社会保険庁発注シール入札談合不当利得返還請求事件」東京高裁平成13年2月8日判決・審決集47巻690頁，百選105）．

第9節 刑　事　罰

1　刑事罰の概要

　独占禁止法違反行為の中には，犯罪として刑罰が科せられるものがある（独禁法89条以下）．また，各種の届出義務違反，虚偽の届出についても刑罰がある（同91条の2）．確定排除措置命令違反についても刑罰が科される（90条）．

　他方，不公正な取引方法の禁止（同19条）およびその系列に属する禁止違反（同8条1項5号，10条1項後段，13条2項，14条後段），合併・合併類似行為の禁止違反（同15条1項，16条）には刑罰による制裁がない．

　独占禁止法違反行為は，法人である事業者によって行われるのが大半である．わが国の刑法学の通説によれば，原則として法人の犯罪能力を否定し，例外的に法律が法人の処罰を規定している場合にのみ法人の処罰を認めている（両罰規定）．独占禁止法も同法95条の両罰規定によって，法人に対して刑罰が科せられることとなる．すなわち，実行行為者である自然人とともに法人である事業者に対しても刑罰が科せられる．例えば，複数の事業者の営業担当者が，会合を開いて価格を引き上げる合意を行った場合，各営業担当者が不当な取引制限の罪（同89条1項1号）の実行行為者である．独占禁止法89条1項1号は，かかる行為者を処罰する規定である．しかし，会合に参加した営業担当者は，独占禁止法3条後段の不当な取引制限の禁止規定の名宛人たる「事業者」ではないから89条1項1号によって直ちに処罰されるわけではなく，「行為者を罰するほか」と規定する95条1項の両罰規定に基づいて処罰される．従業者等の行為者には，89条1項に定められている「3年以下の懲役又は500万円以下の罰金」が科せられる．法人事業者は，従業者等の選任・監督を怠ったことについて，5億円以下の罰金が科せられる．

　犯罪が成立するためには，犯罪構成要件に該当し，違法かつ有責であることを要する．法人事業者による独占禁止法違反における刑事責任の追及にあたっては，かかる犯罪成立要件は実行行為者である自然人について充足されることが必要である．

2　専属告発制度

　独占禁止法の実体規定違反や届出・報告義務違反などの犯罪（独禁法89条か

ら91条までの罪）については，公正取引委員会の告発がなければ公訴を提起できない（同96条1項）．これを「専属告発制度」と呼ぶ．そして，公正取引委員会は独占禁止法違反の犯罪があると思料するときには，検事総長に対して告発しなければならない（同74条）．しかし，この規定は訓示規定であると解され，告発をするかしないかは公正取引委員会の裁量に委ねられる．また，刑事訴訟法248条にいう起訴便宜主義も，公正取引委員会の告発がある場合に影響を受けることはない．

実際上，独占禁止法違反の犯罪について，公正取引委員会の告発が行われることは稀であった．

3 刑事告発に関する方針

しかし公正取引委員会は，平成元年の日米構造協議の報告等を受けて，刑事告発を強化する方針を示した．平成2年6月に「独占禁止法違反行為に対する刑事告発に関する方針」を公表し，これを平成17年の法改正に伴い同年10月，「独占禁止法違反に対する刑事告発及び犯則事件の調査に関する公正取引委員会の方針」に改めた．これによれば，公正取引委員会の方針として，① 一定の取引分野における競争を実質的に制限する価格カルテル，供給制限カルテル，市場分割協定，入札談合，共同ボイコットその他の違反行為であって国民生活に広範な影響を及ぼすと考えられる悪質かつ重大な事案，② 違反を反復して行っている事業者・業界，排除措置に従わない事業者に係る違反行為のうち，公正取引委員会の行う行政処分によっては独占禁止法の目的が達成できないと考えられる事案について，積極的に刑事処分を求めて告発を行うものとされた．③ ただし，課徴金減免制度の適用により，公正取引委員会の調査開始日前に最初に違反行為に係る事実の報告および資料の提出を行ったことにより，課徴金の納付が免除された事業者およびその事業者の役員，従業員等については，告発を行わない，こととされている．

4 犯則調査権限

平成17年の改正で，公正取引委員会の指定を受けた職員（委員会職員）に「犯則調査権限」が付与された（独禁法101条）．従来，独占禁止法違反行為に対し刑罰を科すためには，前述のように，公正取引委員会は検事総長に告発しなければならないが，そのための調査は違反行為に対する審査手続を通してなさ

れるものである．これは，通常の行政調査権限によるものであって，間接的な強制権限を有するものの，これを犯罪捜査のために用いることはできなかった（同47条4項，旧46条4項）．そこで，委員会職員に，独占禁止法89条から91条までの罪に係る事件（これらを「犯則事件」という）を調査するための権限を与え，これを以て刑事告発をする事件の調査に直接強制の権限が与えられたわけである．これにより，公正取引委員会の証拠収集力が強化され，同時に，刑事告発相当事件における調査対象者に対する適正手続保障が確保されることになった．これは他面，捜査機関の側からは，犯罪を立証するために十分な証拠収集が行われないままに公正取引委員会による告発がなされるという事態が生じるという問題も解消されることになった．

権限としては，①犯則嫌疑者等に対し，出頭を求め，質問し，所持品等を検査しまたは提出した物件を領置すること，②官公署・公私の団体への報告の要請（独禁法101条1項，2項），③臨検，捜索または差押え（この場合，原則として東京地方裁判所等の裁判官があらかじめ発する許可状によるものとされ，急速を要する場合には，臨検等の場所を管轄する地方裁判所等の裁判官があらかじめ発する許可状による）（同102条1項，2項）がある．必要があるときは警察官の援助を求めることができる（同110条）．実務上は，行政調査の初期の段階で犯則の端緒が得られた場合に犯則調査手続に切り換えられることになると考えられる．

この調査の結果，違反する犯罪があると思料するときは，検事総長に告発する（同74条）．

犯則事件を告発した場合，領置物件・差押物件があるときには，目録とともに検察庁に引き継ぐこととし，告発手続の円滑化を図っている（同116条1項）．

犯則調査権限の付与により，公正取引委員会事務総局の組織においても行政調査部門と犯則調査部門（犯則審査部）とを分離している（ファイアーウォールの設置）．

　　＊「公正取引委員会の犯則事件の調査に関する規則」（平成17年公取委規則6号）によれば，犯則事件調査職員は，事務総局審査局犯則審査部の職員に限り指摘すること（2条），独占禁止法47条2項の規定に基づいて同条1項に規定する処分をした事件において接した事実が犯則事件の端緒となると思料される場合には，審査官は，直ちに事務総局審査局長に報告し，その指示を受けることとし，当該事実を直接に犯則事件調査職員に報告してはならないこと（4条4項），審査局長は，犯則事件の端緒となる事実に接したときは，委員会に報告しなければならないこと（4条1

項）などが規定されている.

　前記独占禁止法47条4項の反対解釈として，犯則調査の結果を行政処分に用いることは，犯則調査の手続が行政調査におけるよりも相手方保護に手厚いものと考えられることから，これは許されると解される.

　告発された刑事事件の第一審の裁判管轄は，地方裁判所である（同84条の3）．なお特例として，各高等裁判所所在地の地方裁判所および東京地方裁判所にも管轄権を与えている（84条の4）．

5　罰則規定の概要

　独占禁止法違反行為のなかには罰則の定めがあるものがあり，刑事制裁によりその抑止が図られるとともに，手続違反に対しても罰則規定により法の運用の担保が図られている.

　刑罰が最も重いのは，独占禁止法89条にある．私的独占，不当な取引制限（独禁法3条違反），事業者団体による一定の取引分野における競争の実質的制限（同8条1号違反）の禁止規定違反である．これらに対しては3年以下の懲役または500万円以下の罰金とされ，未遂罪も罰せられる．また89条で規定する違反の両罰規定では，行為者に対する罰金刑と切り離し，当該法人，人または事業者団体に対し5億円以下の罰金刑が科せられる（平成14年法改正による）（独禁法95条1項1号，2項1号）．

　ところで，独占禁止法3条違反は事業者，同8条違反は事業者団体たる身分犯である．したがって，自然人事業者が3条に違反すれば89条1号により処罰されることになる．しかし，法人のまたは自然人事業者の従業者もしくは法人でない団体の従業者が違反行為を行った場合には，事業者または事業者団体たる身分が欠けることになり，89条1項のみによっては処罰されないことになる.

　それで，このような不都合に対処するために独占禁止法95条の両罰規定に関連づけた解釈が必要となる．95条は前述の通り，「行為者を罰するほか」その法人または人もしくは法人でない団体をも罰することを定めている．95条の規定により，89条に定める刑罰が自然人である行為者に対して科されているものと解することができるわけである．したがって，従業者についても，独占禁止法3条または8条1号の趣旨からして，事業者または事業者団体が同条に違反したことになるような行為をすることは，同条によって禁止されていると解さ

れ，89条1項はかかる行為をする自然人を処罰する趣旨の規定であるといわなければならない．したがって，95条（の前記の定め）は，89条1項により処罰される自然人の人的範囲および要件についての補充をしたものと解される（「石油価格カルテル事件」東京高裁昭和55年9月26日判決・審決集28巻別冊407頁参照）．

　こう解することにより，当該従業者が独占禁止法3条または8条1号違反の行為をしたときは，法人事業者・事業者団体，自然人事業者，法人でない事業者団体は95条により処罰され，またそれらの従業者は95条および89条により処罰されることになる．

6　告発事例

　公正取引委員会による刑事告発は，昭和49年の石油カルテル事件以来行われてこなかった．しかし前記刑事告発に関する方針の公表以後，平成3年塩化ビニール製業務用ストレッチフィルム価格カルテル事件について刑事告発が再開されるようになった．

(1)　塩化ビニール製業務用ストレッチフィルム価格カルテル事件

　（東京高裁平成5年5月21日判決・審決集40巻741頁）（百選（第6版）31，130事件）

　塩化ビニール製業務用ストレッチフィルム製造業者8社は，業務用ストレッチフィルムの販売価格の低落に対処するため，平成2年5月から各社の営業担当責任者が協調値上げについて協議を行ってきたところ，同年7月の会合において，① 各社のシェアを凍結する，② 同年9月から販売価格を標準品1本当たり150円引き上げる，③ 最低価格・標準価格を設定する，④ 出荷数量を制限する，⑤ 裁定団を設置する，⑥ 報奨制度を設ける，ことを決定した．さらに，8社は，原料の値上がり等に対処するため，平成2年9月から再び営業担当責任者が業務用ストレッチフィルムの販売価格の引き上げについて協議を行い，同年10月の会合において，同年11月から販売価格を標準品1本当たり250円引き上げることを柱とする協定を行った．

　公正取引委員会は，平成3年11月6日および同年12月19日，独占禁止法95条1項1号，89条1項1号，3条後段違反の罪で，8社および同社らの営業担当責任者15名を告発した．東京高裁は，平成5年5月21日，8社を罰金600万円〜800万円，15名を懲役6月〜1年（いずれも執行猶予2年）に処する旨の判決を行った．

なお，8社に対しては，平成3年12月6日，違反行為の排除勧告がなされ，これが応諾されたので，平成4年1月8日，勧告審決がなされた．また8社に対して，平成4年3月26日，総額約4億5000万円の課徴金納付命令が下された．

(2) 社会保険庁発注シール入札談合事件

（東京高裁平成5年12月14日判決・審決集40巻776頁）（百選4，20事件），（東京高裁平成13年2月8日判決・審決集47巻690頁）（百選105事件）

社会保険庁発注の支払通知書等貼付用シールの平成4年度の指名競争入札において，ABCDの4社が談合により，落札業者を4社のうちABC3社のいずれかとし，その仕事はすべて落札業者からD社に発注することとし，また，4社間の利益配分を均等にすることを協定し実施した．

公正取引委員会は，平成5年2月2日，独占禁止法95条1項1号，89条1項1号，3条後段違反の罪で，4社を告発した．東京高裁は，平成5年12月14日，4社を各400万円の罰金に処する旨の判決を行った．

4社に対しては，平成5年3月12日，違反行為の排除勧告がなされ，これが応諾されたため，同年4月22日，勧告審決がなされた．また，ABC3社に対して同年9月24日，総額1億7057万円の課徴金納付命令が行われたが，3社がこれに対して審判手続を請求したため，審判手続を経て改めて総額1億7056万円の課徴金納付命令が行われた．社会保険庁は，3社に対して談合による不当利得返還請求訴訟を東京地裁に提起し，同地裁は平成12年3月31日，3社に対して総額約14億6000万円の返還を認める判決を行った（審決集46巻695頁）（本件控訴審東京高裁平成13年2月8日判決・審決集47巻690頁）．

(3) 防衛庁発注石油製品入札談合事件

（東京高裁平成16年3月24日判決・審決集50巻915頁，上告審最高裁平成17年11月21日判決・刑集59巻9号1597頁）

石油元売り業者11社は，防衛庁発注の平成10年度1期暫定分，同補正分および同年2期分の石油製品の指名競争入札において，営業担当責任者が会合を開催し，平成9年度における各社の受注実績を勘案して受注予定者を決定するとともに，他の指名業者は受注予定者が受注できるよう協力する旨合意し，これに基づき各期の各発注分について，各石油製品の納入先基地名および発注数量等を基に上記合意にしたがってそれぞれ各社に配分して受注予定者を決定し，

これを実施した.

　公正取引委員会は，平成11年10月13日および同年11月9日，11社および同社ら営業担当責任者9名を独占禁止法95条1項1号，89条1項1号，3条後段違反の罪で告発した．東京高裁は，平成16年3月24日，10社（1社は告発後吸収合併された）を罰金300万円〜8000万円，9名を懲役6月〜1年6月（いずれも執行猶予2年〜3年）に処する旨の判決を行った．うち3社4名は上告したが，最高裁は平成17年11月21日，上告を棄却した．

(4) 　国交省発注鋼橋上部工事入札談合
　　（公取委平成17年11月18日勧告審決・審決集52巻396頁，公取委平成21年9月16日審判審決・審決集56巻1号192頁）

　鋼橋上部工事業者26社は，国土交通省関東地方整備局，東北地方整備局および北陸地方整備局が競争入札により発注する鋼橋上部工事について，平成15年度は他の23社または41社，平成16年度は他の21社または39社とともに，受注予定者を決定するとともに他の事業者は受注予定事業者が受注できるような価格で入札を行う旨の合意をした上，これを実施したとして，公正取引委員会は，平成17年5月23日および同年6月15日，26社および同社らで受注業務に従事していた8名を独占禁止法95条1項1号，89条1項1号，3条後段違反の罪で告発した．

　関係事業者45社に対しては，平成17年9月29日，違反行為の排除勧告が行われ，うち40社がこれを応諾したので，同年11月18日，勧告審決が行われたが，5社は応諾しなかったため，審判手続に移行した．

(5) 　日本道路公団発注鋼橋上部工事入札談合事件
　　（公取委平成17年11月18日勧告審決・審決集52巻396頁，東京高裁平成19年9月21日判決・審決集54巻773頁）

　鋼橋上部工事業者6社は，日本道路公団が競争入札により発注する鋼橋上部工事について，平成15年度は他の43社または46社，平成16年度は他の41社または44社とともに，関係事業者の受注業務に従事している公団元理事らにおいて，受注予定者を決定するとともに他の事業者は受注予定事業者が受注できるような価格で入札を行う旨の合意をした上，これを実施しており，また公団副総裁が，公団元理事の依頼に基づき，工事の分割発注を指揮してこれを実行させ，

入札談合を容易にしていたとして，公正取引委員会は，平成17年6月29日および同年8月1日，6社および同社らで受注業務に従事している公団元理事を含む5名ならびに公団副総裁の計6名を独占禁止法95条1項1号，89条1項1号，3条後段違反の罪で告発した．

参 考 文 献

厚谷襄児『独占禁止法入門〈第 7 版〉』（日本経済新聞社・2002 年）
今村成和『独占禁止法〔新版〕』（有斐閣・1978 年）
今村成和編『注解経済法　上・下』（青林書院・1985 年）
金井貴嗣『独占禁止法（第 2 版）』（青林書院・2006 年）
金井貴嗣他編『独占禁止法〔第 5 版〕』（弘文堂・2015 年）
金井貴嗣他『経済法』（有斐閣・1999 年）
金井貴嗣他編『ケースブック独占禁止法〔第 3 版〕』（弘文堂・2013 年）
川越憲治『独占禁止法　競争社会のフェアネス（第 4 版）』（きんざい・2010 年）
川濱昇他『ベーシック経済法（第 4 版）』（有斐閣・2014 年）
岸井大太郎他『経済法〔第 8 版〕』（有斐閣・2016 年）
菊地元一他『続コンメンタール独占禁止法』（勁草書房・1995 年）
久保欣哉『独占禁止法通論』（三嶺書房・1994 年）
久保成史＝田中裕明『独占禁止法講義（第 3 版）』（中央経済社・2014 年）
實方謙二『寡占体制と独禁法』（有斐閣・1983 年）
正田彬『経済法講義』（日本評論社・1999 年）
白石忠志『独禁法講義（第 7 版）』（有斐閣・2014 年）
白石忠志＝多田敏明編『論点体系独占禁止法』（第一法規・2014 年）
田中誠二他『コンメンタール独占禁止法』（勁草書房・1981 年）
田中誠二＝久保欣哉『新版経済法概説〔三全訂版〕』（千倉書房・1990 年）
田中裕明『市場支配力の濫用と規制の法理』（嵯峨野書院・2001 年）
田中裕明『市場支配力濫用規制法理の展開』（日本評論社・2016 年）
谷原修身『新版独占禁止法要論〔第 2 版〕』（中央経済社・2010 年）
日本経済法学会編『経済法講座　独禁法の理論と展開〔Ｉ〕』（三省堂・2002 年）
根岸哲編『注解独占禁止法』（有斐閣・2009 年）
根岸哲＝舟田正之『独占禁止法概説〔第 5 版〕』（有斐閣・2015 年）
松下満雄『経済法概説〔第 5 版〕』（東京大学出版会・2011 年）
三輪芳朗『独禁法の経済学』（日本経済新聞社・1982 年）
村上政博『独占禁止法〔第 7 版〕』（弘文堂・2016 年）
村上政博編『条解独占禁止法』（弘文堂・2014 年）

判例百選

＊本書で引用した判例百選で版を示したものは『独禁法審決・判例百選』、版を示していないものは『経済法判例・審決百選』を指す．

金沢良雄編『独禁法審決・判例百選』（第2版）（有斐閣・1977年）
今村成和・厚谷襄児『独禁法審決・判例百選』（第4版）（有斐閣・1991年）
今村成和・厚谷襄児編『独禁法審決・判例百選』（第5版）（有斐閣・1997年）
厚谷襄児・稗貫俊文編『独禁法審決・判例百選』（第6版）（有斐閣・2002年）
舟田正之・金井貴嗣・泉水文雄編『経済法判例・審決百選』（有斐閣・2010年）

事項索引

〈ア 行〉

域外適用 …………………… 29, 146, 149
意見聴取手続 …………………… 165
意思の連絡 …………………… 68-70
一店一帳合制 …………………… 121, 122

〈カ 行〉

課徴金減免制度 …………………… 8, 181
課徴金納付命令 …… 163-165, 167, 170, 172
合併 …………………… 39, 41, 49
　　吸収—— …………………… 52
　　新設——（対等——） …………………… 52
　　垂直的—— …………………… 51
　　水平的—— …………………… 50
株式 …………………… 41
　　——取得・所有 …………………… 39
　　——保有 …………………… 43
　　共同——移転 …………………… 40, 42
カルテル …………………… 56, 57
　　——の形態 …………………… 59
　　——の弊害 …………………… 58
間接的域外適用 …………………… 147
企業結合
　　——ガイドライン …………………… 38, 44, 47
　　——規制 …………………… 37
求意見制度 …………………… 176
究極目的 …………………… 11
協賛金 …………………… 135
行政指導 …………………… 73-81
強制調査 …………………… 164
競争 …………………… 18
　　——の減殺 …………………… 93, 95
　　——の実質的制限 …… 18, 19, 23, 159
　　公正且(か)つ自由な—— …… 10, 11, 12, 18, 150, 157
　　公正——規約 …………………… 110
　　公正——阻害性 …… 88, 91-95, 100, 103,

104, 107, 109, 110, 115-117, 121, 123, 125, 129, 134, 138, 140, 143
　　能率—— …………… 92, 93, 109, 110, 112
　　ブランド間—— …… 122, 127-130, 142, 161, 162
　　ブランド内—— …… 122, 127, 129, 130, 142, 161, 162
　　有効な牽制力ある——者 …………………… 20
協定
　　国際——・契約 …………………… 147
　　国際—— …………………… 146
　　国際的—— …………………… 83, 168
　　縦の—— …………………… 63, 64
　　横の—— …………………… 63, 64
協同組合 …………………… 155-160
共同遂行 …………………… 62, 63, 65
緊急停止命令 …………………… 163, 172, 173
経済法 …………………… 1
契約 …………………… 146, 168
　　国際的—— …………………… 83
　　専売店—— …………………… 114, 115
　　総代理店—— …………………… 115, 124
　　一手販売—— …………………… 114, 115, 118
減免制度（リーニエンシー） …………………… 170
権利の消尽 …………………… 153
権利濫用 …………………… 95
行為の外形的一致 …………………… 68, 69
効果主義 …………………… 149
公序良俗 …………………… 95
構造規制 …………………… 31, 37
顧客誘引
　　欺瞞的—— …………………… 93, 108
　　不当な—— …………………… 107
　　不当な利益による—— …………………… 108, 109
コングロマリット …………………… 51

〈サ 行〉

再販売価格 …………………… 169

──維持 ……………………………… 30
──維持行為 …… 93, 120-123, 127-132, 160
──拘束 ……………………………… 168
差止請求 …………………………… 8, 173-175
差別
　──対価 ………………… 93, 102, 103, 168
　──的取扱い ………………………… 95, 101
　製品──化 ………… 114, 116, 122, 130, 142
　取引条件等の──的取扱い ……………… 99
事業
　一定の──分野 …………………………… 33
　──等の譲受け ………………………… 40, 42
事業者 …………………………………………… 13
　──団体 ………………… 14, 81-85, 168
　──団体ガイドライン …………………… 86
　──団体の活動規制 ……………………… 81
　有力な── …………………………… 115, 116
事件の端緒 …………………………………… 163
市場 ……………………………………………… 16
事前届出制 …………………………………… 40
実質的証拠法則 ……………………………… 117
指定
　一般── …………………………………… 90
　特殊── …………………………………… 90
私的自治 ……………………………………… 1, 6
支配 …………………………………… 25, 29, 30
　──型私的独占　→独占
　間接的── ………………………………… 30
　事業──力の過度集中　→集中
　市場──力 ……………………………… 18, 19
　直接的── ………………………………… 30
私法上の効力 ………………………………… 177
集中
　一般── ……………………………… 22, 37, 38
　過度経済力──排除法 …………………… 7
　市場── ……………………………… 22, 37, 38
　事業支配力の過度── …………………… 43
取得 …………………………………………… 41
商品
　一定の── …………………………… 32, 33
　同種の── …………………………… 32, 33
　類似の── …………………………… 32, 33

専属告発制度 …………………………… 180, 181
相互拘束 ……………………… 62, 63, 65, 69
即時両建 ……………………………………… 134
属地主義 ……………………………………… 149
　客観的── ………………………………… 149
損害賠償請求 ………………………………… 175

〈タ　行〉

多頻度小口配送の要請 …………………… 137
知的財産権 …………………………… 151-153
直接 ……………………………………………… 12
直接目的 ……………………………………… 11
著作物再販 …………………………… 160, 162
著作物再販制度 ……………………………… 161
適用除外 ………………… 150, 155, 158-161
テリトリー制 ……………………………… 125
独占
　──的状態 ………………………………… 31
　──の弊害 ………………………………… 24
　私的── …… 22-27, 88, 119, 128, 153, 154,
　　168, 170, 174, 175
　支配型私的── ……………………… 25, 168
　排除型私的── ……………… 25, 168, 169
独占禁止法
　──の目的 ………………………………… 10
　原始── …………………………………… 2, 7
取消訴訟 …………………………………… 171, 172
取引
　──強制 …………………………… 113, 133
　──拒絶 …………………………………… 96
　──条件等の差別的取扱い　→差別
　──の強制 ……………………………… 107
　一定の──分野 …………………………… 16
　共同の──拒絶 ……………… 93, 96, 97, 168
　拘束条件付── …… 93, 118, 120, 123, 125,
　　143
　互恵── …………………………………… 113
　全量購入条件付── …………………… 113
　相互── …………………………………… 113
　単独の──拒絶 …………………………… 98
　仲間──（横流し）の禁止 ………… 122, 123
　排他条件付── …… 27, 93, 114-119, 123, 141

不公正な——方法 …… 88-90, 125, 131, 139, 154, 158-160, 168, 174, 175
不当な——制限 …… 56, 61-66, 88, 97, 128, 154, 168, 175
不当な——妨害 …………………… 124, 139

〈ナ・ハ行〉

内部干渉 …………………… 139, 144, 145
任意調査 …………………………… 164
ハーフィンダール・ハーシュマン指数（HHI）
　………………………………… 53
排除 …………………………… 25, 27, 119
排除措置命令 …………………… 163-167, 171
犯則調査権限 ……………………… 181
販売
　委託—— ……………………… 132
　一手——契約　→契約
　押し込み—— ………………… 136
　押し付け—— ………………… 135
　抱き合わせ—— …………… 93, 111-113, 133
ファイアーウォール ……………… 182
歩積・両建 …………………… 133, 136
歩積預金 ………………………… 134

不当高価買入 ……………………… 107
不当対価 …………………………… 104
不当廉売 …………………… 27, 93, 94, 104, 168
分割
　企業—— ……………………… 34
　吸収—— ……………………… 39, 41
　共同新設—— ………………… 39, 41
並行輸入 …………………… 124, 141-144

〈マ・ヤ行〉

持株会社 …………………………… 8, 43
役員（の）兼任 ……………………… 40, 47
優越的地位の濫用 …… 92, 93, 95, 102, 133, 134, 136, 138, 139, 168, 169
余裕財源の理論 …………………… 51

〈ラ　行〉

リーニエンシー …………………… 26, 163
リベート …………………… 100, 102, 115
略奪的価格設定行為 ……………… 105
流通系列化 …………… 114, 117, 118, 120
両建預金 …………………………… 134
両罰規定 …………………… 180, 183

判例・審決索引

最高裁判所

最高裁昭和47年11月16日判決・審決集19巻215頁	164
最高裁昭和50年7月10日判決・審決集22巻173頁	129
最高裁昭和50年7月11日判決・審決集22巻198頁	131
最高裁昭和50年11月28日判決・民集29巻10号1592頁	147
最高裁昭和52年6月20日判決・民集31巻4号449頁	136, 178
最高裁昭和59年2月24日判決・刑集38巻4号1287頁	12, 62, 71, 79, 80, 83
最高裁平成元年12月8日判決・民集43巻11号1259頁	176
最高裁平成元年12月14日判決・民集43巻12号2078頁	14, 94, 105
最高裁平成10年12月18日判決・審決集45巻467頁	13
最高裁平成10年12月18日判決・民集52巻9号1866頁	126
最高裁平成12年7月7日判決・民集54巻6号1767頁	177
最高裁平成17年11月21日判決・刑集59巻9号1597頁	185
最高裁平成22年12月17日判決・民集64巻8号2067頁	20
最高裁平成24年2月20日判決・民集66巻2号796頁	20

高等裁判所

東京高裁昭和26年9月19日判決・高民集4巻14号497頁	19
東京高裁昭和28年3月9日判決・審決集4巻145頁	64
東京高裁昭和28年12月1日判決・下民集4巻12号1791頁	178
東京高裁昭和28年12月9日判決・高民集第6巻第13号868頁	19
東京高裁昭和32年3月18日決定・審決集8巻82頁	104
東京高裁昭和32年12月25日判決・高民集10巻12号743頁	30
東京高裁昭和50年4月30日決定・審決集22巻301頁	106, 172
東京高裁昭和55年9月26日判決・高刑集33巻5号511頁	72
東京高裁昭和55年9月26日判決・審決集28巻別冊407頁	184
東京高裁昭和55年9月26日判決・判時983号22頁	79
東京高裁昭和58年11月17日判決・金判690号4頁	97
東京高裁昭和59年2月17日判決・判時1106号47頁	115
高松高裁昭和61年4月8日判決・判タ629号179頁	29
福岡高裁平成2年8月29日判決・審決集37巻222頁	14
東京高裁平成5年5月21日判決・審決集40巻741頁	184
東京高裁平成5年5月21日判決・判時1474号31頁	168
大阪高裁平成5年7月30日判決・判時1479号21頁	94, 112
東京高裁平成5年12月14日判決・審決集40巻776頁	67, 185
東京高裁平成7年9月25日判決・審決集42巻393頁	70

東京高裁平成 8 年 3 月28日判決・判時1573号29頁	119
東京高裁平成 9 年 7 月31日判決・高民集50巻 2 号260頁	179
東京高裁平成13年 2 月 8 日判決・審決集47巻690頁	179.185
東京高裁平成13年 2 月16日判決・判時1740号13頁	84
東京高裁平成16年 3 月24日判決・審決集50巻915頁	185
東京高裁平成16年 4 月23日判決・判タ1169号306頁	167
東京高裁平成19年 9 月21日判決・審決集54巻773頁	186

地方裁判所

東京地裁平成 6 年 1 月12日判決・判時1524号56頁	119
東京地裁平成 9 年 4 月 9 日判決・審決集44巻635頁	82
東京地裁平成 9 年 4 月 9 日判決・判時1629号70頁	98.176
那覇地裁石垣支部平成 9 年 5 月30日判決・判時1644号149頁	159
東京地裁平成12年 3 月31日判決・審決集46巻695頁	185
東京地裁平成12年 6 月30日判決・金判1118号43頁	179

公正取引委員会

公取委昭和24年 8 月30日審判審決・審決集 1 巻62頁	68
公取委昭和25年 7 月13日同意審決・審決集 2 巻74頁	27
公取委昭和25年 9 月18日同意審決・審決集 2 巻103頁	64.128
公取委昭和27年 4 月 4 日審判審決・審決集 4 巻 1 頁	78
公取委昭和28年 8 月 6 日審判審決・審決集 5 巻17頁	78
公取委昭和28年11月 6 日勧告審決・審決集 5 巻61頁	138
公取委昭和30年12月 1 日正式審決・審決集 7 巻70頁	17
公取委昭和30年12月10日勧告審決・審決集 7 巻99頁	98.137
公取委昭和30年 9 月20日審判審決・審決集 7 巻20頁	99
公取委昭和31年 7 月28日審判審決・審決集 8 巻12頁	28.99
公取委昭和32年 1 月30日勧告審決・審決集 8 巻51頁	45
公取委昭和32年 6 月 3 日勧告審決・審決集 9 巻 1 頁	138
公取委昭和35年 2 月 9 日勧告審決・審決集10巻17頁	141
公取委昭和38年 1 月 9 日勧告審決・審決集11巻41頁	144
公取委昭和38年12月 4 日勧告審決・審決集12巻39頁	118
公取委昭和39年11月 7 日勧告審決・審決集12巻146頁	99
公取委昭和40年 9 月13日勧告審決・審決集13巻72頁	121.154
公取委昭和43年 2 月 6 日勧告審決・審決集14巻99頁	109
公取委昭和44年10月30日同意審決・審決集16巻46頁	20
公取委昭和45年 1 月21日勧告審決・審決集16巻136頁	83
公取委昭和46年11月 4 日勧告審決・審決集18巻115頁	85
公取委昭和47年 9 月18日勧告審決・審決集19巻87頁	28
公取委昭和48年 6 月29日勧告審決・審決集20巻41頁	85

公取委昭和48年7月17日同意審決・審決集20巻62頁 ……………… 17, 48
公取委昭和50年1月21日勧告審決・審決集21巻329頁 ……………… 156
公取委昭和50年6月13日勧告審決・審決集22巻11頁 ……………… 109
公取委昭和50年12月23日審判審決・審決集22巻105頁 ……………… 157
公取委昭和52年11月28日勧告審決・審決集24巻65頁 ……………… 122
公取委昭和52年11月28日勧告審決・審決集24巻86頁 ……………… 122
公取委昭和52年11月28日勧告審決・審決集24巻106頁 ……………… 122, 132
公取委昭和53年4月18日勧告審決・審決集25巻1頁 ……………… 124
公取委昭和54年9月19日正式審決・審決集26巻25頁 ……………… 14
公取委昭和55年2月7日勧告審決・審決集26巻85頁 ……………… 104
公取委昭和55年6月19日勧告審決・審決集27巻39頁 ……………… 14
公取委昭和56年3月17日同意審決・審決集27巻116頁 ……………… 142
公取委昭和56年5月11日勧告審決・審決集28巻10頁 ……………… 125
公取委昭和57年5月28日勧告審決・審決集29巻13頁 ……………… 106
公取委昭和57年6月17日同意審決・審決集29巻31頁 ……………… 135
公取委昭和58年3月31日勧告審決・審決集29巻104頁 ……………… 17
公取委昭和58年7月6日勧告審決・審決集30巻47頁 ……………… 121
公取委昭和59年2月2日審判審決・審決集30巻56頁 ……………… 170
公取委昭和59年4月24日勧告審決・審決集31巻3頁 ……………… 13
公取委昭和63年5月17日同意審決・審決集35巻15頁 ……………… 123
公取委平成2年2月20日勧告審決・審決集36巻53頁 ……………… 135
公取委平成3年3月12日勧告審決・審決集37巻73頁 ……………… 14
公取委平成3年4月25日勧告審決・審決集38巻60頁 ……………… 122
公取委平成3年8月5日勧告審決・審決集38巻70頁 ……………… 123, 129
公取委平成3年10月18日勧告審決・審決集38巻104頁 ……………… 18
公取委平成3年12月2日勧告審決・審決集38巻134頁 ……………… 110
公取委平成4年2月28日審判審決・審決集38巻41頁 ……………… 112
公取委平成4年6月3日勧告審決・審決集39巻69頁 ……………… 17
公取委平成5年3月8日勧告審決・審決集39巻236頁 ……………… 126
公取委平成5年9月10日審判審決・審決集40巻29頁 ……………… 154
公取委平成5年9月28日勧告審決・審決集40巻123頁 ……………… 143
公取委平成5年11月18日勧告審決・審決集40巻171頁 ……………… 84
公取委平成7年11月30日同意審決・審決集42巻97頁 ……………… 161
公取委平成8年5月8日勧告審決・審決集43巻1209頁 ……………… 28
公取委平成9年8月6日勧告審決・審決集44巻238頁 ……………… 28, 154
公取委平成10年3月31日勧告審決・審決集44巻362頁 ……………… 28, 153
公取委平成10年6月19日審判審決・審決集45巻42頁 ……………… 143
公取委平成10年7月30日勧告審決・審決集45巻136頁 ……………… 135
公取委平成10年9月3日勧告審決・審決集45巻148頁 ……………… 29, 149
公取委平成10年12月14日勧告審決・審決集45巻153頁 ……………… 113
公取委平成12年2月28日同意審決・審決集46巻144頁 ……………… 29, 154
公取委平成13年8月1日審判審決・審決集48巻3頁 ……………… 123, 154, 162

公取委平成13年9月19日勧告審決・審決集48巻241頁 ……………………………………… 157
公取委平成16年4月15日勧告審決・審決集51巻412頁 ……………………………………… 135
公取委平成16年10月13日勧告審決・審決集51巻518頁 ……………………………………… 29
公取委平成17年11月18日勧告審決・審決集52巻396頁 ……………………………………… 186
公取委平成17年12月26日勧告審決・審決集52巻436頁 ……………………………………… 135
公取委平成21年9月16日審判審決・審決集56巻1号192頁 …………………………………… 186

《著者紹介》

田 中 裕 明（たなか　ひろあき）
　　1957年　名古屋市に生まれる
　　1988年　一橋大学大学院法学研究科経済法専攻博士後期課程単位取得満期退学
　　現　在　神戸学院大学法学部教授

主要業績

『市場支配力の濫用と規制の法理』（嵯峨野書院，2001年）
『新会社法』（編著，嵯峨野書院，2006年）
『新商法入門――企業取引と法――』（編著，嵯峨野書院，2006年）
『会社法新講義』（共著，中央経済社，2013年）
『独占禁止法講義　第3版』（共著，中央経済社，2014年）
『市場支配力濫用規制法理の展開』（日本評論社，2016年）

要説　独占禁止法
　　――経済法入門――

2017年4月10日　初版第1刷発行　　＊定価はカバーに表示してあります

著者の了解により検印省略	著　者	田　中　裕　明Ⓒ
	発行者	川　東　義　武
	印刷者	江　戸　孝　典

発行所　株式会社　晃洋書房
　　〒615-0026　京都市右京区西院北矢掛町7番地
　　　　　　　　電話　075(312)0788番(代)
　　　　　　　　振替口座　01040-6-32280

ISBN978-4-7710-2830-2　　印刷　㈱エーシーティー
　　　　　　　　　　　　　　製本　㈱藤沢製本

JCOPY 〈(社)出版者著作権管理機構　委託出版物〉
本書の無断複写は著作権法上での例外を除き禁じられています．
複写される場合は，そのつど事前に，(社)出版者著作権管理機構
（電話 03-3513-6969, FAX 03-3513-6979, e-mail: info@jcopy.or.jp）
の許諾を得てください．